Thomas Müller
mit Ernährungs-Doc
Dr. Matthias Riedl

# KOCHEN
## für kleine & große
# CHAMPIONS

Thomas Müller

mit Ernährungs-Doc

Dr. Matthias Riedl

# KOCHEN für kleine & große CHAMPIONS

Unter Mitarbeit von Anna Butterbrod und
mit Rezeptfotos von Coco Lang

# INHALT

**Gemeinsam Spaß beim Kochen haben**

QR-Codes bei ausgewählten Rezepten leiten zu Videos mit Thomas und Matthias.

# BUNT, LECKER UND GESUND

Star-Fußballer aus München trifft auf Ernährungsmediziner aus Hamburg: Zusammen sind Thomas Müller und Dr. Matthias Riedl das perfekte Team! Der eine weiß aus eigener Erfahrung, wie er seinen Körper und seine Leistung mit gesundem Essen pushen kann. Der andere bringt das wissenschaftliche Know-how mit. Zusammen verfolgen sie ein Ziel: Familien umfassend über Ernährung zu informieren und ihnen zu zeigen, wie viel Spaß Kochen mit vielen frischen Zutaten machen kann.

## Thomas, Matthias, warum macht ihr ein Kochbuch für Familien?

**THOMAS:** Ich habe mit meinen Kinderbüchern viele junge Fans zum Lesen motiviert und dafür von Eltern körbeweise Dankesbriefe erhalten. Meine Hoffnung ist, dass dieses Buch, was die Ernährung betrifft, einen ähnlichen Effekt haben kann. Ein Funke Egoismus ist ehrlicherweise auch dabei. Denn durch die Zusammenarbeit mit Matthias lerne ich selbst noch was. Ich weiß zwar viel über Ernährung und bringe jede Menge eigene Erfahrung mit, aber Matthias hat das Expertenwissen. Er kann Zusammenhänge fundiert und gut verständlich erklären. In seiner täglichen Arbeit hat er auch viel mit jungen Menschen zu tun.

**MATTHIAS:** Und die Lage ist leider besorgniserregend. Kinder und Familien sind die Zukunft, unsere Zukunft. Aber in Deutschland sind 20 Prozent der Kinder zu dick, fast die Hälfte davon ist aufgrund des hohen Körpergewichts nicht mehr gesund. Mindestens 10 Prozent unserer Kinder werden später kranke Erwachsene sein. Aber man kann diesen Prozess noch aufhalten, wenn man rechtzeitig eingreift. 90 Prozent der Krankheiten wären durch die richtige Ernährung vermeidbar. Naturvölker wie die Tsimane in Bolivien haben zum Beispiel 0 Prozent Diabetes Typ 2. Das gibt's bei denen gar nicht.

## Was heißt denn gesunde Ernährung für euch?

**THOMAS:** Das ist die, die meinem Körper zuträglich ist.

**MATTHIAS:** Genau das ist die Definition. Dass der Körper das bekommt, was er wirklich braucht, um leistungsfähig zu sein. Damit das Immunsystem gut funktioniert und man lange gesund bleibt. So fühlen wir uns nicht nur wohl, sondern haben dazu auch gute Laune.

**THOMAS:** Ich ernähre mich so, wie es mir am meisten Spaß macht. Spaß empfinde ich einerseits beim Essen, vielleicht sogar von Fast Food. Aber Spaß bringt mir auch, wenn ich mit 40 noch laufen kann, ohne dass mir meine Knie wegfliegen. Das ist der langfristige Spaß. Es ist wichtig, das nötige Wissen zu haben, um beim Essen zwischen „Gut" und „Böse" unterscheiden zu können.

**MATTHIAS:** Es gibt Lebensmittel, die verkürzen unser Leben – zum Beispiel Fertigprodukte. Das ist nachgewiesen. Das Sterberisiko steigt pro Fertiggericht am Tag. Es gibt aber auch Lebensmittel, die unser Leben verlängern. Da kommt es auf die richtige Balance an. Mein Credo lautet so wie deins, Thomas: Essen muss Spaß machen. Der Homo sapiens will Spaß haben im Leben! Und wenn ich als Spaßverderber auftrete, habe ich verloren. Die Medizin hat in den letzten 100 Jahren genau das gemacht, indem sie uns eine Diät nach der nächsten auferlegt hat. Mit dem Ergebnis, dass die Leute heute dicker sind denn je. Kein Wunder: Ich erreiche sie ja nicht, wenn ich ihnen den Spaß verderbe!

**THOMAS:** Mal angenommen, ich treffe jemanden, der nur Fertiggerichte isst und sich mit diesen Gerichten einen Tag seines Lebens nimmt. Wenn der darüber Bescheid weiß und sagt: „Bevor ich keine Fertiggerichte esse, mache ich lieber mit 70 Schluss, als mit Gemüse 90 zu werden", ist das ja in Ordnung. Aber ich möchte all den Menschen helfen, die eigentlich gesund leben möchten, es aber allein nicht schaffen.

**MATTHIAS:** Oder die hinterher sagen: „Wenn ich das gewusst hätte." Mir tut es immer leid, wenn jemand krank wird, weil er nicht informiert war. Das ist tragisch, aber leider der Normalfall.

**Matthias, du bist Ernährungspapst. Haben deine heute erwachsenen Kinder immer auf dich gehört oder auch mal mit den Augen gerollt?**

**MATTHIAS:** Mein Großer ist 27 und hat seinen Fleischkonsum erheblich reduziert. Mein kleiner Sohn ist 24 und isst mit seiner Freundin streng vegetarisch. Mein 20-jähriger Stiefsohn hat auf Pflanzeneiweiß umgestellt. Klar hat meine Ernährungsweise abgefärbt. Mein Stiefsohn hat, als er zehn Jahre alt war, aus dem Gemüse auf seinem Teller immer die rote Paprika aussortiert, weil er die nicht mochte. Ich hab das dann nicht negativ kommentiert, sondern seine Paprika auf meinen Teller geschoben und gesagt: „Hey, das nehme ich gerne, das ist lecker." Nach einem halben Jahr hat er immer nachlässiger aussortiert und nach einem Jahr blieb die Paprika plötzlich bei ihm. Ich hab's vorgelebt, das ist der Weg.

## Thomas, du verzichtest inzwischen auch oft auf tierische Produkte. Warum?

**THOMAS:** Früher war für mich nur ein Gericht mit Fleisch ein „echtes" Gericht, weil es so gelernt war. Heute gibt's zum Salat Kichererbsen statt ein Steak. Ich verzichte zweimal pro Woche auf ein Fleischgericht – nicht nur aus gesundheitlichen Gründen, sondern auch mit Blick auf den Klimawandel.

## Haben eure Eltern euch gesunde Ernährung ans Herz gelegt?

**THOMAS:** Wir wurden gut versorgt, aber mit der Akzeptanz von Gemüse ist das so eine Sache. Mit den Tricks aus diesem Buch hätte das noch besser geklappt. Meine Mutter ist eine gute Köchin und hat für uns viel Frisches gekocht, das ist ja schon mal gut. Aber natürlich gab's auch mal Bratwurst mit Kartoffelpüree.

**MATTHIAS:** Meine Mutter ist Jahrgang 1936 und hat schleswig-holsteinische Gerichte gekocht, mit viel Kohl und Gemüse.

**THOMAS:** Gemüse gab's bei uns schon auch. Wenn die Oma zum Beispiel für die Großfamilie einen Braten gemacht hat, gab's dazu gefühlt 15 Beilagen. Aber ob die so gekocht wurden, dass wir von den Nährstoffen, die drinsteckten, auch was hatten, ist eine andere Frage.

**MATTHIAS:** Doch, doch, selbst gemachter Rotkohl zum Beispiel ist immer besser als der fertige in Tüten. Da ist gar kein Vitamin C mehr drin.

## Gab's irgendwas, das du gar nicht mochtest, Thomas?

**THOMAS:** Erinnern kann ich mich nur an Oliven, Zwiebeln und Champignons. Jetzt liebe ich alle drei.

**MATTHIAS:** Was du da gerade beschreibst, ist der Mere-Exposure-Effekt (siehe Seite 31). Beim ersten Mal mochtest du die Pilze nicht. Beim zweiten Mal hast du vielleicht nur ein paar probiert und beim dritten Mal schmeckten sie schon besser. Irgendwann hast du sie dann freiwillig gegessen. Das funktioniert nicht nur mit Gesundem, sondern leider auch mit Fast Food oder Schokoriegeln. Die Wiederholung macht's.

## Was zählt außer Wiederholung?

**THOMAS:** Das Bewusstsein. Dass man auf seinen Teller schaut und checkt: Habe ich alles, was ich brauche?

**MATTHIAS:** Das sagen auch die Studien. Sich bewusst zu machen, was man isst, ist der erste Schritt in die richtige Richtung. So banal das klingt. Es ist wichtig zu wissen: Was habe ich da jetzt eigentlich gegessen an Eiweiß, Gemüse, Zucker und Co.?

## Welcher Nährstoff ist der wichtigste?

**THOMAS:** Wir „jagen" ja eigentlich das Eiweiß, weil es uns satt macht.

**MATTHIAS:** Richtig. Das ist die Aufgabe des Menschen, am Tag sein Eiweißziel zu erreichen. Das ist unser Ernährungsbestreben.

**THOMAS:** Es gab mal eine Studie, bei der einer Testgruppe ein kohlenhydratreiches Büfett vorgesetzt wurde und der zweiten ein eiweißreiches. Die Kohlenhydratgruppe hat viel mehr gegessen, weil der Mensch eben seinen Eiweißspeicher füllen will.

**MATTHIAS:** Früher hieß es: Du brauchst unbedingt eine Sättigungsbeilage wie Kartoffeln. Aber satt machen die nicht, die machen dick! Gemüse mit wenig Kalorien, um den Magen zu füllen, plus Eiweiß, das sättigt: Das ist entscheidend. Wenn du Sport treibst, brauchst du zusätzlich Kohlenhydrate, sonst hast du keine Kraft.

**THOMAS:** Das macht ja dann auch nichts, weil du die wieder verbrennst.

**MATTHIAS:** Achtest du eigentlich auf den Fettgehalt deines Körpers?

**THOMAS:** Der wird bei uns Fußballern mit einer speziellen Waage analysiert. Meiner liegt bei 10.

**MATTHIAS:** Naturvölker haben 10 bis 12 Prozent.

## Und was wäre normal für Nichtsportler?

**MATTHIAS:** Dieser Wert wäre auch für sie gut.

**THOMAS:** Die Frage ist: Was ist gut und was ist normal? In Deutschland liegt der Normalwert bei 22.

**MATTHIAS:** Normal ist das, was Naturvölker haben. Aber dieses Normal gibt es nicht mehr. Viele Eltern erkennen das Übergewicht ihrer Kinder nicht.

**THOMAS:** Wahrscheinlich liegt das daran, dass das Nachbarskind genauso aussieht.

**MATTHIAS:** Du orientierst dich an deiner Umwelt. Es kommt immer häufiger vor, dass Eltern, die ein normalgewichtiges Kind haben, sagen: „Mein Kind ist zu dünn."

## Aber man kann Kindern ja nicht pauschal Süßigkeiten verbieten ...

**THOMAS:** Darum geht es auch nicht. Die Dosis macht das Gift. Es geht darum, sich darüber Gedanken zu machen, was Sinn macht und was vielleicht negative Folgen hat. Der Punkt ist oftmals das fehlende Know-how über die eigene Ernährung.

**MATTHIAS:** Und das wollen wir ändern. Viele Eltern überfüttern ihre Kinder schon im Kleinkindalter. Die Kinder geben Bescheid, wenn sie Hunger haben, dann fangen sie nämlich an zu schreien. Aber viele kriegen zwischendurch Kekse zugesteckt und werden damit zu Snackern trainiert. Thomas, musstest du eigentlich als Kind deinen Teller leer essen? Hat das deine Mutter noch gesagt?

**THOMAS:** Da hieß es eher: „Wenn du den Teller aufisst, wird das Wetter morgen schön." Sicher auch, um die Wertschätzung für Lebensmittel zu schärfen. Es soll ja nichts verschwendet werden. Inzwischen lasse ich auch mal was weg, wenn mir die Portion zu groß vorkommt. Anstatt alles aufzuessen und dann mit zu vollem Bauch schlecht zu schlafen.

**MATTHIAS:** Aber viele essen die Teller eben noch leer. Das ist so einprogrammiert.

## Kann man sich auch wieder umprogrammieren?

**MATTHIAS:** Indem man gesunde Gewohnheiten einübt. Es ist wissenschaftlich erwiesen: Sehen Kinder, dass Eltern Gemüse essen, erhöht sich die Wahrscheinlichkeit, dass sie das auch tun. Sie wollen ja erwachsen sein. Morgens um zehn eine Packung Kekse zu essen, ist für die meisten von uns vielleicht ungewöhnlich. Kommst du aber aus einer Familie, wo das üblich ist, übernimmst du dieses Verhalten automatisch.

**THOMAS:** Ich bin in Bayern aufgewachsen und war hauptsächlich die bayerische Küche gewohnt. Wenn die Welt mittlerweile nicht so international wäre, würde ich heute noch rohen Fisch beim Asiaten ablehnen. Da würde ich sagen: „Spinnt ihr?"

### Kocht ihr gerne?

**MATTHIAS:** Ja, zusammen mit meiner Frau Oder für sie.

**THOMAS:** Dafür, dass ich es eigentlich gerne mache, koche ich viel zu selten. Aber mal schauen, wie sich das weiterentwickelt, wenn es mit dem Fußball einmal vorbei ist. Meine Frau und ich sind ja nur zu zweit. Manchmal hätte ich fürs Kochen gerne mehr Publikum, wenn man sich schon die Mühe macht.

**MATTHIAS:** Kocht ihr beide zusammen?

**THOMAS:** Meine Frau backt ganz gut, aber das Kochen übernehme ich. Ich binde sie höchstens für Hilfsarbeiten ein. Nach dem Essen krieg ich oft einen auf den Deckel, denn Aufräumen ist nicht meine Stärke.

### Habt ihr ein gesundes Gericht auf Lager, das für jeden machbar ist?

**THOMAS:** Ich haue einfach ohne Rezept gemischtes Gemüse in die Pfanne. Erbsen oder eine andere Proteinquelle sollten mit dabei sein. Alles rein und leicht würzen. Was ich viel und bewusst verwende, ist Olivenöl.

**MATTHIAS:** Das ist gut so, da gibt's auch kein Limit. Am Mittelmeer verzehren die Familien laut einer Studie einen Liter Olivenöl pro Woche. Und die sind gesünder als wir.

**THOMAS:** Wenn es darum geht, eine gesunde Mahlzeit zusammenzustellen, habe ich immer das Konzept vom bunten Teller im Kopf (siehe Seite 16). Da sind dann automatisch gute Sachen dabei.

### Thomas, darfst du als Profisportler Süßes essen?

**THOMAS:** Wir dürfen essen, was wir wollen. Die Frage ist halt immer: Was hat es für Auswirkungen? Du hast einfach Nachteile, wenn du mehr Gewicht mit dir rumträgst. Das ist wie bei einem Rennwagen, da merkst du jedes Gramm.

**MATTHIAS:** Ein Beispiel aus der Praxis – wir betreuen ja auch Sportler am Olympiastützpunkt Hamburg: Wir haben bei einem Leistungsschwimmer das Körperfett um 2 Prozent reduziert, mit dem Ergebnis, dass er dann einige Zehntelsekunden schneller war.

### Ihr lebt beide auf dem Land. Pflanzt ihr auch Gemüse selbst an?

**THOMAS:** Tomaten anzubauen macht meiner Frau und mir viel Spaß. Das einzige Problem ist, dass die dann alle zeitgleich Mitte, Ende September reif waren. Diese Tomaten, sonnenwarm vom Strauch geerntet, schmecken viel intensiver als gekaufte. Natürlich auch, weil es ganz andere Sorten sind als im Supermarkt. Die müssen halt keine Kühlkette durchhalten und zwei Monate top aussehen. Gurken, Paprika und Kräuter haben wir auch selbst angebaut.

**MATTHIAS:** Wegen der Schnecken gedeiht Gemüse bei uns nur im Hochbeet. Wir haben auch Johannisbeeren und Obstbäume. Direkt aus dem Garten schmeckt es besser, ist nährstoffreicher und garantiert bio.

# STECKBRIEFE

Wie ticken die beiden Männer, wenn es um ihre persönliche Ernährung geht? Mit welchem Frühstück starten sie in den Tag? Was gönnen sie sich häufig und was lieber nur in Maßen? Für diesen Fragebogen lassen sich Thomas Müller und Dr. Matthias Riedl auf den Teller schauen.

## DR. MATTHIAS RIEDL

**1 Was ist dein persönliches Frühstück für Champions?**
Ein Vollkornkäsebrot mit Salatblatt und Sprossen, dazu ein Apfel. Auch gut: Joghurt mit Haferflocken, Nüssen, Beeren, Weizenkeimen, gemahlener Vanille oder Kakaonibs.

**2 Gibt es ein Lebensmittel, das bei dir täglich auf dem Speiseplan steht?**
Ein Elstar-Apfel. Mein Vater war ein Bauernsohn und meine Eltern hatten Apfelbäume. Ich lebe heute bei Hamburg auf dem Land und habe auch viele Obstbäume.

**3 Was gönnst du dir ab und zu, obwohl du weißt, dass es dafür ernährungstechnisch die Rote Karte gibt?**
Eine selbst gemachte Currywurst. Die Wurst hole ich vom Biohof oder vom Premiumschlachter. Die Currysauce mache ich selbst. Dieses Gericht gibt es bei mir etwa viermal im Jahr.

**4 Welches Lebensmittel macht dir gute Laune?**
Ich liebe Mandeln, die ich aus Portugal mitbringe. Wir sind regelmäßig dort und ich kaufe auf dem Markt immer gleich einen ganzen Sack auf Vorrat.

**5 Welchen Ernährungstrend oder welche Vorschrift hältst du für Quatsch?**
Mode-Diäten wie Paleo: Die ist einseitig, unwissenschaftlich und sehr fleischlastig.

**6 Wie lautet dein Ernährungsgrundsatz?**
Ich koche selbst, esse gemüsebasiert, regional oder bio.

**7 In welchem Alter hast du angefangen, selbst zu kochen?**
Mit 19, als ich von zu Hause auszog. Als Student habe ich anfangs noch oft zu Fertiggerichten gegriffen, aber die Chemiesaucen schmeckten mir auf Dauer nicht. Und gut bekommen sind sie mir auch nicht. Deshalb ließ ich es schnell wieder sein und fing an, mir mein Essen selbst zu machen.

**8 Welches deiner Gerichte kommt bei Groß und Klein gut an?**
Vollkornspaghetti mit Linsen-Bolognese. Die Sauce stellt das „Original" mit Hackfleisch leicht in den Schatten. Wer dieses vegane Rezept ausprobieren möchte, es steht auf Seite 102.

## THOMAS MÜLLER

**1 Was ist dein persönliches Frühstück für Champions?**
Da muss ich nicht lange überlegen: ungesüßter Porridge. Vom Zuckergeschmack habe ich mich Stück für Stück entwöhnt. Obendrauf kommen ein Klecks Naturjoghurt, frische Beeren, Nüsse und zum Schluss ein Schuss Leinöl. Warum das so gut ist, lest ihr auf Seite 22.

**2 Gibt es ein Lebensmittel, das bei dir täglich auf dem Speiseplan steht?**
Olivenöl, und das nicht zu knapp. Es gibt viele Studien, die belegen, wie gesund es ist. Olivenöl schützt zum Beispiel das Herz, das ist für Sportler besonders wichtig.

**3 Was gönnst du dir ab und zu, obwohl du weißt, dass es dafür ernährungstechnisch die Rote Karte gibt?**
Eine ordentliche Leberkässemmel und Kaiserschmarrn. Zu beidem kann ich nicht Nein sagen. Warum auch? Wer sich ausgewogen ernährt, muss auf nichts verzichten.

**4 Welches Lebensmittel macht dir gute Laune?**
Ich esse mit Genuss. Aber ganz ehrlich: Um gute Laune zu haben, brauche ich kein bestimmtes Essen vor mir auf dem Teller.

**5 Welchen Ernährungstrend oder welche Vorschrift hältst du für Quatsch?**
Alles, was ins Extreme geht. Jeder Körper ist individuell und die Ernährung weltweit so unglaublich vielfältig. Bewusstsein und Wissen sind das A und O – damit kann jeder seinen eigenen Weg finden.

**6 Wie lautet dein Ernährungsgrundsatz?**
In allem, was süß schmeckt, steckt Zucker. Daran sollte man immer denken und unbedingt einen Blick auf die Zutatenlisten von Fertiggerichten werfen.

**7 In welchem Alter hast du angefangen, selbst zu kochen?**
Mit Anfang, Mitte 20. Als Jugendlicher war ich auch schon immer neugierig, hab aber die Arbeit in der Küche meiner Mutter überlassen.

**8 Welches deiner Gerichte kommt bei Groß und Klein gut an?**
Ich finde, meine Petersilienwurzelsuppe schmeckt echt gut. Und mit den Gemüsebratlingen aus dem Buch (siehe Seite 90) konnte ich auch schon punkten.

# DIE SPIELREGELN FÜR EINE GESUNDE ERNÄHRUNG

Zusammen sind wir stark! Dieses Motto gilt nicht nur für Fußballteams, sondern auch für Familien. Wenn alle an einem Strang ziehen, lassen sich Essgewohnheiten viel leichter optimieren. Also: Bringen Sie den Ball ins Rollen, indem Sie hier und da gemeinsam etwas verändern.




Sie wollen sich und Ihre Familie gesünder ernähren, wissen aber nicht wie? Toll ist, dass Sie prinzipiell Lust darauf haben. Das ist eine gute Basis. Denn Eltern sollten mit gutem Beispiel vorangehen. Sie sind die wichtigsten und prägendsten Vorbilder – auch was die Ernährung betrifft. Kinder schauen sich ihre Essgewohnheiten von Mama und Papa ab. Eine Studie der City-Universität in London ergab, dass Eltern ihre Kinder sogar eher dick machen als die Gene. Darum überlegen Sie sich doch zum Start einmal: Wo könnte ich ein besseres Vorbild sein? Und versuchen Sie, ungesunde Gewohnheiten runterzufahren. Gesunde Gewohnheiten zu etablieren, ist leichter, als Sie denken. Ernährungs-Docs Matthias Riedl verrät, wie's geht: Um Veränderungen vorzunehmen, müssen Sie nicht Ihren gesamten Alltag samt Kühlschrank auf den Kopf stellen. Für den Anfang sollten Sie lediglich drei Zahlen im Kopf behalten. Wenn Sie Ihren Speiseplan grob daran orientieren, wird das eine große Wirkung haben.

## 5 PORTIONEN GEMÜSE UND OBST PRO TAG

Nicht nur für Tiere gibt es eine artgerechte Ernährung, sondern auch für uns Menschen. Seit Millionen von Jahren essen wir pflanzenbasiert. Irgendwann kam tierische Beikost dazu – aber nur in kleinen Mengen. Denn mit unseren Händen und unserem Gebiss sind wir von Natur aus nicht dafür ausgerüstet, rotes Fleisch zu jagen. Trotzdem essen die meisten Menschen heute genau entgegen der artgerechten Ernährung: Auf dem Teller liegt viel zu viel Fleisch und das Gemüse verkommt zur Beilage.
Bringen Sie wieder mehr Frisches ins Spiel! Die Deutsche Gesellschaft für Ernährung (DGE) empfiehlt für Erwachsene und Kinder „5 am Tag". Gemeint sind damit drei Por-

tionen Gemüse und zwei Portionen Obst. Eine Portion entspricht ungefähr dem, was in die eigene Hand passt. Greifen Sie bei Obst zu zuckerarmen Varianten wie Beeren (z. B. Him-, Blau- oder Erdbeeren), säuerlichen Äpfeln, Clementinen, Grapefruits, Aprikosen, Papayas, Wassermelonen, Sauerkirschen und Pflaumen. Lieber selten einplanen sollten Sie, besonders wenn Sie aufs Gewicht achten müssen, sehr süße Sorten wie Bananen, Weintrauben, Mangos und Ananas.

## 25 PFLANZLICHE LEBENSMITTEL PRO WOCHE

Sich merken, wo welche Vitamine und Nährstoffe drinstecken, und dann immer genau zu den richtigen Lebensmitteln greifen: Wer schafft das schon? Gewöhnen Sie sich darum am besten an, 25 verschiedene Sorten Gemüse, Obst, Hülsenfrüchte, Kräuter und Nüsse pro Woche zu essen. Dann ist die Wahrscheinlichkeit sehr hoch, dass Sie dank der Vielfalt Ihren natürlichen Bedarf abdecken. Außerdem nehmen Sie so jede Menge sekundäre Pflanzenstoffe zu sich. Die sind nicht nur für die Farb-, Duft- und Aromastoffe von pflanzlichen Lebensmitteln zuständig, sondern wirken im Körper unter anderem antientzündlich, cholesterinsenkend, krebshemmend und immunstärkend. Sie können mit Ihrer Familie einen kleinen Wettbewerb daraus machen: Hängen Sie eine Tabelle auf, in der alle die von ihnen verspeisten pflanzlichen Lebensmittel mit Strichen festhalten oder Punkte dafür vergeben. Wer zuerst bei 25 ist, hat gewonnen!

# SO SIEHT EINE PERFEKTE MAHLZEIT AUS

**30 %**
Eiweiß (bevorzugt pflanzlich)

**50 %**
Gemüse (+1 EL Öl)

**20 %**
ballaststoffreiche Kohlenhydrate

## 50 GRAMM ZUCKER PRO TAG, HÖCHSTENS!

Werfen Sie doch bitte mal einen genauen Blick auf die Inhaltsstoffe und Nährwertangaben von Produkten, die normalerweise in Ihrem Einkaufswagen landen. In Fertiggerichten, Light-Produkten oder Getränken (siehe Seite 39) wird Zucker oft hinter anderen Namen „versteckt". Er heißt dann Saccharose, Dextrose, Raffinose, Fruktosesirup oder Karamellsirup. All diese Zutaten haben eins gemeinsam: Wir brauchen sie nicht, denn sie liefern weder Mineralstoffe noch Vitamine oder sekundäre Pflanzenstoffe, sondern nur schnelle Energie, die unser Körper nicht benötigt und daher als Fett speichert.

Maximal 50 Gramm freien Zucker sollten Erwachsene zu sich nehmen. Damit ist der Zucker gemeint, der Lebensmitteln und Getränken künstlich zugesetzt wird, plus Zucker in Honig, Sirup und Fruchtsäften. Die Weltgesundheitsorganisation (WHO) empfiehlt, dass Kinder weniger als 10 Prozent ihrer täglichen Energiezufuhr durch Zucker abdecken sollen. Da dies eine recht abstrakte Vorgabe ist, rät der deutsche Berufsverband für Kinder- und Jugendärzte zu maximal 25 Gramm Zucker für Kinder am Tag. Süßigkeiten sind bei dieser Vorgabe durchaus mal drin – aber in Maßen. Am besten, Sie vereinbaren dafür klare Regeln. Zum Beispiel: Etwas Süßes gibt es für Ihre Kids nur einmal am Tag zu einer Mahlzeit.

## SONST NOCH WICHTIG: EIWEISS UND BALLASTSTOFFE

Was dagegen mehrmals am Tag auf den Teller darf, sind zwei weitere wichtige Gesundheits-Player: Ballaststoffe und Eiweiß. Ballaststoffe regen die Verdauung und damit auch den Darm an. Sie sorgen dafür, dass die Darmschleimhaut kürzer in Kontakt mit krebserregenden Stoffen kommt, gleichzeitig neutralisieren sie Gifte im Stuhl. Ballaststoffe stecken zum Beispiel in Nüssen, Vollkornprodukten (Haferflocken, Dinkelbrot) oder Hülsenfrüchten wie Linsen.

Wie praktisch: Genau diese Lebensmittel liefern auch eine große Portion pflanzliches Eiweiß. Sie sind daher doppelt gut für uns. Eiweiß zählt zu den Grundbausteinen aller Zellen. Es ist für den Aufbau und Erhalt von Knochen, Muskeln und des Gehirns verantwortlich. Daher nehmen Menschen von Natur aus so lange Nahrung zu sich, bis ihr Hunger auf Eiweiß gestillt ist. Eiweiß ist eine wertvolle Energiequelle, liefert diese aber nicht so schnell wie Kohlenhydrate. Denn der Körper benötigt einige Zeit, bis er das Nahrungseiweiß zerlegt hat. Er verbraucht dabei sogar noch extra Energie. Daher gilt Eiweiß auch als Schlankmacher. Als Fausregel gilt: Bei der Auswahl sollte man pflanzliche Proteinlieferanten wie Erbsen, Linsen, Haferflocken oder Nüsse gegenüber tierischen bevorzugen.

## RAN ANS FETT!

Lange hieß es: Fett macht fett. Heute weiß man, dass das nicht stimmt. Im Gegenteil! Fett ist ein Makronährstoff und damit ein essenzieller Bestandteil einer gesunden Ernährung. Aber es kommt natürlich auf die Art des Fettes an: Gehärtete Fette, wie sie in Pommes und Fast Food oder auch in Keksen stecken, fördern Übergewicht und stehen im Verdacht, Herz-Kreislauf-Erkrankungen und Diabetes Typ 2 zu fördern. Olivenöl, Nüsse oder Avocados liefern dagegen gesunde ein- oder mehrfach ungesättigte Fettsäuren (vor allem Omega-3-Fettsäuren), die Entzündungen im Körper eindämmen, Herz und Gehirn schützen und den Muskelaufbau fördern. Außerdem machen sie lange satt und können so sogar beim Abnehmen helfen.

# ZU TISCH MIT DEM PROFI: EIN TAG VON THOMAS MÜLLER

Ballaststoffe, Eiweiß, Kohlenhydrate: Für Thomas Müller ist das nichts Neues, sondern notwendiges Alltagswissen. Um in Topform zu bleiben, reicht ihm nicht das Training auf dem Platz. Der Fußballer muss seinen Körper auch von innen heraus unterstützen und stärken. Darum überlegt er sich genau, was er wann und in welchen Mengen zu sich nimmt. Oft kommt es ihm nicht unbedingt auf den Geschmack an, sondern mehr auf die positive Wirkung, die die Lebensmittel auf die Muskeln und Organe haben. Ein kleiner Einblick in seinen Speiseplan als Profisportler.

## FRÜHSTÜCK

Nach dem Aufstehen gibt's erst mal einen großen Schluck Wasser, selbst wenn ich nicht wirklich Durst habe. Das ist mein Ritual, um meinen Körper gleich mal mit Flüssigkeit zu versorgen. Über den Tag verteilt trinke ich drei bis vier Liter Wasser.

Meine erste Mahlzeit ist Müsli oder Porridge. Als herzhaftes Frühstück würde ich eine Scheibe gutes Bauern- oder Vollkornbrot wählen, darauf kommen Hüttenkäse, Avocado, ein Spiegelei, Salz, Pfeffer und Olivenöl. Je nach Hunger esse ich auch Müsli und ein solches Brot.

Ob ich dazu einen Kaffee trinke, hängt davon ab, welche Tätigkeit ansteht. Ich setze Koffein sehr bewusst ein, um mich zu pushen, falls Bedarf besteht.

## MITTAGESSEN

Mittags genieße ich den Luxus, mich in der Kantine des FC Bayern am Büfett bedienen zu können. Bei den Gerichten hat sich mit den Jahren einiges verändert: Die Saucen werden mit weniger Butter gemacht, es gibt auch gluten- und laktosefreie Lebensmittel.

Ich starte immer entweder mit einer Suppe oder einem gemischten Salat. Danach greife ich zu Fisch, Fleisch oder esse rein vegetarisch – je nach Angebot, Lust und Laune. Ich achte bei der Zusammenstellung meiner Mahlzeit darauf, dass ich mehr Proteine und Gemüse als Kohlenhydrate auf dem Teller habe. Das Eiweiß macht schön satt, das Gemüse liefert wichtige Nährstoffe und viele Kohlenhydrate brauche ich nur ab zwei Tage vor einem Spiel. Das nennen wir dann „Carboloading". An zwei von drei Tagen gönne ich mir noch einen kleinen süßen Nachtisch plus Espresso.

## ABENDESSEN

Egal, ob ich abends zu Hause esse oder im Restaurant, die Herangehensweise bleibt wie mittags: Ich stelle mir wichtige Komponenten zusammen und mag es, viele verschiedene Sachen zu probieren. Momentan sehr oft am Start: Hüttenkäse, der die Muskelregeneration unterstützt, und Olivenöl als gesunder Energielieferant.

# DIE CHAMPIONS LEAGUE DER LEBENSMITTEL

Obst, Gemüse und weitere pflanzliche Lebensmittel sind allesamt gut für uns. Aber manche sind eben noch ein bisschen besser als andere! Wir präsentieren: die Top 11 Food-Stars, die ihr so oft wie möglich aufs Spielfeld beziehungsweise den Tisch schicken solltet.

## SPINAT

**Das kann er:** Studien haben eindeutig bewiesen, dass Spinat dabei hilft, oxidativen Stress zu reduzieren (der entsteht u. a. durch UV-Strahlen, Rauchen oder Alkoholkonsum) und somit Zellschäden und Stoffwechselstörungen zu vermeiden. Die im frischen Blattspinat enthaltenen Antioxidantien schützen vor schneller Alterung und reduzieren das Risiko für Diabetes und Krebserkrankungen.

**Zubereitung:** Spinat sollte gedünstet oder nur kurz gegart werden, denn bei zu langem Kochen gehen wertvolle Nährstoffe verloren. Die grünen Blätter schmecken super in Currys, Rührei oder Bratlingen. Roh ist Spinat eine tolle Smoothie-Zutat und schmeckt auch als Salat.
Ähnlich gut: anderes grünes Blattgemüse wie Feldsalat, Rucola, Mangold oder Löwenzahn

## BROKKOLI

**Das kann er:** In Brokkoli steckt reichlich Vitamin C – damit pusht er unser Immunsystem. Außerdem kann er einigen Krebsarten vorbeugen und fördert dank des Pflanzenstoffs Quercetin die körperliche Fitness.

**Zubereitung:** Auch Brokkoli sollte nicht in kochendem Wasser zubereitet werden, weil dann Nährstoffe verloren gehen. Am besten kurz anbraten oder dämpfen. Klein gehackt eignet sich roher Brokkoli auch wunderbar als Salatzutat. Sie dürfen übrigens auch gerne zu schockgefrorenem Gemüse greifen. Das kann unter Umständen sogar einen höheren Vitamingehalt haben als frischer Brokkoli, der schon tagelang gelagert wurde.
Ähnlich gut: weitere Kreuzblütler wie Rosenkohl, Wirsing, Radieschen, Rettich

## BLAUBEEREN

**Das können sie:** Die kleinen Fruchtbomben sind prall gefüllt mit Vitamin C und Zink. Ihre blauen Farbstoffe (Anthocyane) wirken entzündungshemmend und verlangsamen den Alterungsprozess. In Blaubeeren steckt wenig Zucker, sie sind kalorienarm und daher super zum Snacken zwischendurch!

**Zubereitung:** Ideal im morgendlichen Quark, Porridge oder Pfannkuchen. Blaubeeren machen aus Naturjoghurt ganz schnell einen Fruchtjoghurt ohne industrielle Zusätze.
**Ähnlich gut: Himbeeren, Brombeeren, Erdbeeren, Johannisbeeren**

## HAFERFLOCKEN

**Das können sie:** Haferflocken sind ein echtes Nährstoffwunder. Wichtig ist vor allem ihr hoher Anteil an Ballaststoffen, die den Darm bestens „füttern" und uns lange satt machen. Der lösliche Ballaststoff Beta-Glucan kann den Cholesterin- und Blutzuckerspiegel senken und die Insulinempfindlichkeit verbessern.

**Zubereitung:** Der Klassiker ist Porridge oder Müsli am Morgen. Haferflocken lassen sich aber auch in Bratlingen oder Smoothies unterbringen. Wer es crunchy mag, macht daraus mit Nüssen und anderen Zutaten sein eigenes Granola (siehe Seite 50).
**Ähnlich gut: Roggen- oder Dinkelflocken**

## APFEL

**Das kann er:** Das bekannte Sprichwort sagt es schon: „An apple a day keeps the doctor away." Tatsächlich hat eine Studie der britischen Universität Oxford ergeben, dass ein Apfel pro Tag das Risiko für Herz-Kreislauf-Erkrankungen deutlich verringert. Viel Vitamin C und E pusht das Immunsystem, der Ballaststoff Pektin hält den Blutzucker konstant und der Pflanzenfarbstoff Lykopin steigert die Konzentrations- und Reaktionsfähigkeit. Also der ideale Allrounder!

**Zubereitung:** Äpfel sind ein robuster „Snack to go", werten gerieben aber auch jedes Müsli und jeden Porridge auf. Schon mal gewürfelt als Zutat im Salat probiert?

## WALNÜSSE

**Das können sie:** Die Deutsche Gesellschaft für Ernährung (DGE) empfiehlt täglich eine Handvoll Walnüsse (ca. 25 g). Die haben zwar einen hohen Kalorien- und Fettgehalt, doch die vielen einfach und mehrfach ungesättigten Fettsäuren helfen dem Körper dabei, Vitamine besser aufzunehmen, und stärken das Immunsystem. Walnüsse bieten zudem pflanzliches Eiweiß, das satt macht und die Muskeln wachsen lässt.

**Zubereitung:** Nüsse unbedingt ungesalzen genießen. Wer mal einen anderen Geschmack haben will, röstet die Nüsse kurz in einer Pfanne ohne Fett. Ob ganz, gehackt oder gemahlen – Nüsse sind in jeglicher Form gesundheitsfördernd!
Ähnlich gut: Mandeln, Pistazien, Cashewkerne, Erdnüsse, Haselnüsse

## LEINSAMEN

**Das kann er:** Leinsamen bringt durch seinen hohen Gehalt an Ballaststoffen die Verdauung in Schwung. Er dient als Nahrung für gute Darmbakterien und bindet Giftstoffe. Die in den Samen enthaltenen Omega-3-Fettsäuren schützen Herz und Kreislauf und stärken die Hirnfunktion.

**Zubereitung:** Wer von den vielen positiven Eigenschaften des Leinsamens profitieren will, sollte ihn geschrotet zu sich nehmen. Denn die Schale kann im Magen-Darm-Trakt nicht aufgebrochen werden und so „verpuffen" die Inhaltsstoffe. Streuen Sie Leinsamen aufs Müsli, in den Porridge, backen Sie ihn ins Brot oder in Plätzchen ein.
Ähnlich gut: Leinöl (1–2 TL pro Tag)

## OLIVENÖL

**Das kann es:** Kalt gepresstes Olivenöl ist eine Hauptzutat der Mittelmeerküche, die als eine der gesündesten der Welt gilt. Es besteht zu über 70 Prozent aus ungesättigten Fettsäuren (u. a. Omega 3). Die stärken das Herz-Kreislauf-System und wirken entzündungshemmend. Dazu kommen Polyphenole (sekundäre Pflanzenstoffe), die unsere Zellen fit halten und uns satt machen.

**Zubereitung:** Je schärfer und bitterer ein Olivenöl schmeckt, desto mehr Polyphenole enthält es. Kaufen Sie Sorten mit der Bezeichnung „extra vergine" – das ist die höchste Qualitätsstufe. Diese Öle sind besonders naturbelassen und kalt gepresst. Das heißt: Das Öl wird bei der Pressung nicht erhitzt, erreicht maximal Temperaturen von 27 °C. So bleiben alle gesundheitsfördernden Stoffe erhalten. Zum scharfen Anbraten bei hohen Temperaturen sollte man Olivenöl besser nicht verwenden.
Ähnlich gut: Walnuss- oder Rapsöl

## LINSEN

**Das können sie:** Sie liefern wenig Kalorien und Fett, machen aber lange satt – allein das ist schon ein guter Grund, Linsen im Küchenschrank stehen zu haben. Mit ihrem hohen Ballaststoffanteil regen sie die Darmtätigkeit an und fördern das Ausscheiden schädlicher Stoffe. Und: Linsen liefern mehr Eiweiß als viele Lebensmittel tierischer Herkunft! Ihre Extraportion Magnesium macht sie zur echten Nervennahrung, denn diesen Mineralstoff benötigt unser Körper für ein gesundes Nervensystem.

**Zubereitung:** Linsen sind vielseitig einsetzbar, sie passen in Salate, Aufläufe, Suppen, Bratlinge und Aufstriche.
Ähnlich gut: andere Hülsenfrüchte wie Bohnen oder Erbsen

## QUARK

**Das kann er:** Eiweiß, Eiweiß, Eiweiß! Das ist die Gesund-Hauptwaffe von Quark. Es gilt: je magerer, desto proteinreicher. Das macht satt und fördert den Muskelaufbau. Kalzium sorgt für feste Zähne und stabile Knochen. Quark wartet außerdem mit Probiotika auf, das sind gute Bakterien, die die Darmflora widerstandsfähiger machen und Entzündungen hemmen.

**Zubereitung:** Quark mit Obst zum Frühstück oder zwischendurch: ideal! Natürlich passt er auch als herzhafte Variante mit Kräutern und Gewürzen zu Kartoffeln oder Gemüse. Erfrischender Sommer-Snack: den Quark je nach Geschmack mit Obst, Honig, Zitronensaft, Zimt oder Vanille verrühren und in Eisförmchen einfrieren.
Ähnlich gut: Frischkäse, Joghurt, Skyr

## QUINOA

**Das kann er:** Die Inkas pflanzten Quinoa in den südamerikanischen Anden schon vor über 5000 Jahren an. Die Körner der Quinoa-Pflanze sind gesünder als Reis, denn sie liefern im Vergleich weniger Kalorien und Kohlenhydrate, dafür aber mehr hochwertiges Eiweiß und Ballaststoffe. Weitere Top-Inhaltsstoffe: Eisen, Folsäure, Magnesium, Zink und Mangan – also sehr gut geeignet, um einer Unterversorgung vorzubeugen.

**Zubereitung:** Schon der Porridge am Morgen lässt sich mit Quinoa kochen. Ansonsten passen die Körnchen gut in Pfannengerichte, Salate oder als Einlage in cremige Suppen.
Ähnlich gut: andere Pseudogetreide wie Amarant und Buchweizen

# BROKKOLI IST DER IDEALE VITAMIN-LIEFERANT

# LASST ES EUCH SCHMECKEN!

# SO VERMEIDEN SIE EIGENTORE UND PARIEREN WIE EIN PROFI

Dr. Matthias Riedl sitzt im Praxisalltag häufig Familien gegenüber. Wenn's um Ernährung geht, haben viele von ihnen die gleichen Probleme. Der Experte beantwortet hier die Fragen, die ihm am häufigsten gestellt werden.

## Mein Kind will täglich Süßigkeiten, weil seine Freunde die auch kriegen. Wie kann ich dagegen argumentieren?

Kinder handeln nicht rational. Sie möchten ihr Bedürfnis nach Süßem unbedingt und vor allem schnell stillen. Für die Kleinen ist es frustrierend, wenn sie jedes Mal ein „Nein" hören, wenn sie nach etwas Süßem fragen. Verwandeln Sie daher Ihr „Nein" in ein „Ja", aber eines zu einem gesünderen Snack, der wie eine Nascherei wirken kann (z. B. Energiebällchen, siehe Seite 158). Solche Snacks sollten Sie immer griffbereit zu Hause haben. Seien Sie nicht zu hart. Ab und zu sind Süßigkeiten in Ordnung, aber sie sollten eine Besonderheit bleiben. Süßigkeiten sind ein Genussmittel und sollten maßvoll und nicht zu oft gegessen werden.

## Ist Zucker generell schlecht für Kinder?

Zucker – egal ob Laktose aus Milchprodukten oder Fruktose aus Obst – zählt zu den Kohlenhydraten und ist somit ein wichtiger und natürlicher Bestandteil unserer Ernährung. Industrieller Zucker ist dagegen ein Suchtmittel, das unsere Gesundheit negativ beeinflusst. Nimmt man zu große Mengen davon zu sich, kann das zu Übergewicht, Diabetes oder Herz-Kreislauf-Erkrankungen führen. Gerade bei Kindern ist ein hoher Zuckerkonsum fatal, weil in jungen Jahren der Grundstein für unser Geschmacksempfinden gelegt wird. Gewöhnen sie sich an die permanente Süße, kann man ihnen die Lust darauf nur schwer wieder abgewöhnen. Ein kompletter Verzicht auf Zucker ist unrealistisch und Verbote machen ihn für Kinder nur noch attraktiver. Aber versuchen Sie, die Zuckermenge zu reduzieren, und bringen Sie Ihrem Kind einen bewussten Umgang damit bei (siehe Seite 17).

### Mein Kind hat morgens nie Hunger. Kann ich es ohne Frühstück in die Schule schicken?

Manche Kinder haben morgens keinen Hunger: Und das ist okay! Sie müssen Ihr Kind nicht zum Essen zwingen oder Druck ausüben. Aber vielleicht mag es einen kleinen Snack? Eine Tasse Kakao (angerührt mit Kakaopulver ohne Zuckerzusatz) und dazu ein wenig Obst reichen schon – das richtige Frühstück folgt dann in der Schule mit dem Inhalt der Brotdose. Manche Kinder brauchen morgens aber auch mehr Zeit, um richtig wach zu werden. Bei Hektik und Stress entwickelt sich das Hungergefühl schlechter. Vielleicht ist es eine Lösung, eine Viertelstunde früher aufzustehen? Setzen Sie sich gemeinsam an den Frühstückstisch und gewährleisten Sie so eine entspannte Atmosphäre.

### Soll ich mein Kind zwingen, neue Lebensmittel zu essen?

Auf keinen Fall – dann macht das Kind komplett zu und die Freude über neue Geschmäcker und Lebensmittel bleibt aus. Evolutionär ist es total verständlich, dass Neues zunächst abgelehnt wird. Der Mensch isst, was er kennt. Gegen diesen Urinstinkt, der unsere Vorfahren vor giftigen Pflanzen schützen sollte, hilft nur probieren, um den Geschmackssinn weiterzuentwickeln. In der Regel mögen Kinder Lebensmittel, die sie 20- bis 30-mal gegessen haben. Daher der Tipp: Dieselben Sachen immer und immer wieder in Mahlzeiten einbauen, aber den Druck rausnehmen. Ihr Kind sollte probieren, muss aber keine Portion aufessen. Nur so kann aus einer ursprünglichen Ablehnung auf Dauer sogar eine Vorliebe werden. In der Wissenschaft spricht man vom „Mere-Exposure-Effekt" (siehe Seite 31).

### Kann ich mein Kind vegan ernähren?

Experten sind sich einig: Vegane Ernährung ist gerade für Kleinkinder mit deutlichen Risiken verbunden. Je einseitiger die Ernährungsweise, umso größer das Risiko für einen Nährstoffmangel, der das Wachstum hemmen kann. Bestimmte Vitamine wie beispielsweise B12 sind hierbei ganz kritisch, auch unabhängig vom Alter. Bei veganer Ernährung müssen sie supplementiert werden, egal ob im Kindesalter oder bei Erwachsenen. Ein veganer Speiseplan für Kinder setzt eine intensive Auseinandersetzung mit der Thematik voraus, damit eine Unterversorgung unbedingt vermieden wird. Das bedarf guter Planung und vertiefter Kenntnisse. Weggelassene Nährstofflieferanten sollten auf jeden Fall ersetzt beziehungsweise die Inhaltsstoffe anderweitig zugeführt werden. Eine ernährungsmedizinische Begleitung ist in diesem Fall dringend erforderlich.

**Mein Kind kann am Tisch nicht still sitzen. Es isst nie seinen Teller auf und hat später natürlich wieder Hunger. Was kann ich tun?**

Möglicherweise ist Ihr Kind noch nicht hungrig genug oder hat sich zu wenig bewegt? Es ist absolut in Ordnung, den Teller stehen zu lassen und Ihr Kind später weiteressen zu lassen. Kinder sollten ihr eigenes Sättigungsgefühl erspüren und aufhören, wenn sie satt sind. Auch sollte man sie nicht gegen ihren Willen am Tisch behalten, wenn sie zu zappelig sind und aufstehen wollen. Haben Sie Geduld und lassen Sie die ruhigen Tischzeiten nach und nach länger werden. Mit der Zeit und dem Alter wird es besser. Kinder sollten lernen, gemeinsam mit allen zu essen und sich auch darauf zu konzentrieren. Daher bitte kein Fernsehen und kein Handy beim Essen. Was ungünstig ist: Ihr Kind schafft nicht das ganze Hauptgericht, aber dafür den Nachtisch. Dieses Verhalten sollten Sie nicht dauerhaft tolerieren.

**Täglich eine warme Mahlzeit muss sein, oder?**

Nein, warme Mahlzeiten sind nicht automatisch gesünder als kalte – aber sie machen den Speiseplan abwechslungsreicher. Und: Viele Lebensmittel, die normalerweise gekocht oder gebraten gegessen werden (wie etwa Eier, Hülsenfrüchte, Fleisch und Fisch), enthalten wichtige Nährstoffe, auf die wir sonst verzichten müssten. Auch nicht zu vergessen: Warme Speisen sind besser verdaulich und gerade abends oft bekömmlicher. Und manche Nährstoffe können besser aufgenommen werden.

**Mein Kind mag keinen Fisch, dabei ist der doch so gesund. Was mache ich und wie häufig sollte Fisch auf dem Teller landen?**

Fisch ist die wichtigste natürliche Nahrungsquelle für langkettige, mehrfach ungesättigte Omega-3-Fettsäuren. Er liefert außerdem Jod und Vitamin D – eine Mischung, die gerade im Wachstum und bei der Entwicklung von Kindern entscheidend ist. Omega-3-Fettsäuren sind ein wichtiger Baustein fürs Gehirn und damit auch für die geistige Leistung. Ein Mangel kann sich auch auf die Psyche auswirken und Depressionen oder ADHS-Symptome fördern. Fisch sollte daher ein- bis zweimal pro Woche auf den Tisch kommen. Falls Ihr Kind ihn nicht pur mag, bereiten Sie ihn doch mal in einer Sauce als Ragout zu, dann steht der typische Geschmack nicht mehr so im Vordergrund. Viele Kinder und Jugendliche mögen Fisch am liebsten als Fischstäbchen. Kein Problem, wenn Sie nicht auf Fertigprodukte zurückgreifen, sondern die Stäbchen ganz easy selbst machen (siehe Seite 114).

## Wie finde ich heraus, ob mein Kind zu dick ist – und sollte ich ihm freiheraus sagen, dass es abnehmen muss?

Neben dem Body-Mass-Index (BMI) und den Vergleichs-Perzentilen für Kinder und Jugendliche (für beides gibt es Online-Rechen-Tools) gilt als grobe Abschätzung folgende Formel: Größe des Kindes in Zentimetern minus 100. Also zum Beispiel 128 Zentimeter minus 100 gleich 28 Kilo. Ich rate davon ab, dem eigenen Kind das Übergewicht vorzuhalten oder es überhaupt darauf hinzuweisen. Lieber im Hintergrund die Ernährung ändern. Und das ist wichtig! Denn kindliches Übergewicht verwächst sich nicht von allein. Man muss die Weichen rechtzeitig stellen, sonst werden aus übergewichtigen Kindern übergewichtige, kranke Erwachsene. Aber bitte keine radikalen Diäten! Setzen Sie auf gesunde Komponenten (viel Gemüse, Vollkornprodukte, zuckerarme Obstsorten) und verkleinern Sie die Portionsgrößen. Auch Bewegung ist beim Abnehmen ein wichtiger Faktor (siehe Seite 44).

## Wie gewöhne ich meiner Familie einen guten Trinkrhythmus an?

Wenn Sie merken, dass alle in der Familie zu wenig trinken (siehe Seite 38), kann die Einführung von neuen Ritualen ein guter Ansatz sein. Etwa, dass alle vor den Mahlzeiten ein Glas Wasser trinken. Als Familie können Sie sich aber auch ein Spiel daraus machen: Wählen Sie sich einen Reminder in Ihrer direkten Umgebung. Einigen Sie sich etwa darauf, dass alle immer etwas trinken, wenn die Kirchenglocke in der Nachbarschaft läutet. Aber natürlich gibt es auch Apps, die einen in einem selbst gewählten Turnus ans Trinken erinnen.

## Sind Nahrungsergänzungsmittel für Kinder sinnvoll?

In der Regel brauchen Kinder keine teuren Pillen, Säfte oder Dragees. Eine ausgewogene Ernährung, ausreichend Schlaf und Bewegung sind viel eher Voraussetzungen für eine gesunde Entwicklung als zusätzlich verabreichte Nahrungsergänzungsmittel. Wenn Ihnen dieses Thema Sorge bereitet oder Sie das Gefühl haben, Ihr Kind könnte einen Mangel haben, dann lassen Sie seine Werte überprüfen und ergänzen Sie, was fehlt, nach Absprache mit einem Ernährungsmediziner. Eine Supplementierung kann in Einzelfällen notwendig sein, etwa wenn das Kind ein sehr wählerisches Essverhalten an den Tag legt, unter Allergien oder Unverträglichkeiten leidet oder der Speiseplan rein vegetarisch bzw. vegan gestaltet wird. Ohne medizinischen Grund ist eine Einnahme von Nahrungsergänzungsmitteln nicht zu empfehlen! Produkte für Kinder sind häufig zu hoch dosiert oder enthalten Stoffe, die nicht nötig oder sogar nicht empfehlenswert sind.

## Mein Kind isst nur wie ein Spatz. Was kann ich tun?

Wenn Ihr Kind dünn ist und nur kleine Portionen zu sich nehmen will, bieten Sie ihm zwischen den Hauptmahlzeiten immer wieder einen gesunden Snack an: etwa Knabbergemüse mit einem eiweißreichen Dip oder Nüsse. Achtung: Vermeiden Sie unbedingt Süßigkeiten oder Dauersnacken! Das nimmt erst recht den Appetit auf das richtige Essen: Wichtige Nährstoffe kommen dann zu kurz.

# GESCHMACK IST EINE FRAGE DES TRAININGS

Wie bringe ich mein Kind dazu, Gemüse zu mögen? Diese Frage stellen sich viele Eltern. Die Lösung besteht aus zwei Komponenten: psychologische Gelassenheit und kulinarische Ausdauer. Mit welcher Taktik Sie Erfolge feiern – und welche Sätze Sie besser aus Ihrem Sprachschatz streichen sollten.

„Bäh, das mag ich nicht!" Haben Sie diesen Satz schon an Ihrem Esstisch gehört? Verbannt Ihr Kind mit trotzigem Blick Möhren- oder Gurkenscheiben an den Rand seines Tellers? Ernten Sie nur für Spaghetti oder Pommes dankbare Blicke? Dann dürfte Ihnen dieses Kapitel besonders schmecken. Denn hier geht es darum, wie Sie den lukullischen Horizont Ihrer geliebten Gemüsemuffel (das können auch erwachsene sein) erweitern. Einen Satz sollten Sie dringend aus Ihrem Repertoire streichen: „Iss das, es ist gesund!"

### HÄTTEN SIE ES GEWUSST?

Die Tomate ist mit Abstand das Lieblingsgemüse der Deutschen. Laut dem Bundesministerium für Ernährung und Landwirtschaft essen wir davon jedes Jahr über 28 Kilo pro Kopf. Auf Platz zwei landet die Möhre mit 11,4 Kilo, auf Platz drei die Zwiebel (9,2 Kilo).

Damit erreichen Sie nämlich genau das Gegenteil: die maximale Abwehrhaltung. Lässt Ihr Kind Grünzeug verächtlich links liegen, üben Sie sich in Gelassenheit. Die bessere Reaktion: Essen Sie selbst das verschmähte Gemüse/Obst/Hülsenfruchtgericht und lassen Sie sich anmerken, wie lecker Sie es finden. „Learning by watching" heißt wieder einmal die Devise.

Kindliche Vorlieben werden übrigens schon im Mutterleib angelegt – durch das Fruchtwasser, das der Fötus trinkt. Je nachdem, was die Mutter im Verlauf ihrer Schwangerschaft isst, verändert sich das Aroma. Steht viel Obst auf dem Speiseplan, wird dieses dem Nachwuchs später auch gut schmecken.

Kinder mögen das, was sie kennen. An alles Neue muss man sie schrittweise gewöhnen.

## MACHEN SIE DIE MÖHRE ZUM KUMPEL

Diese Gewöhnung funktioniert am besten durch den „Mere-Exposure-Effekt" (den Effekt des bloßen Kontakts). Das heißt: Je öfter Sie Ihr Kind mit einem Lebensmittel in Berührung bringen, desto mehr sinkt die Hemmschwelle. Das ist so, als hätten Sie einen neuen Kollegen am Schreibtisch gegenüber sitzen. Anfangs können Sie sich beide vielleicht gar nicht riechen. Doch Sie sehen sich Tag für Tag, lachen mal hier, quatschen mal da miteinander. Bis Sie irgendwann denken: „Hey, so übel ist der gar nicht, ehrlich gesagt mag ich ihn!" Etwa 20- bis 30-mal müssen wir etwas probiert haben, bis wir es als lecker einstufen. Also bitte die Möhren nicht auf Dauer weglassen, wenn Ihr Kind sie einmal nicht mochte. Im Gegenteil: Servieren Sie Möhren alle ein bis zwei Wochen als Beilage und lassen Sie Ihr Kind jedes Mal ein bisschen davon probieren. Nach und nach wird es schon auf den Geschmack kommen.

## „BLINDE KUH" AM ESSTISCH

Um Ihr Kind für neue Geschmäcker zu gewinnen, sollten Sie den Konsum von Fertigprodukten, so weit es geht, herunterfahren. Denn die Aromastoffe, die darin stecken, übertrumpfen die Natur um ein Vielfaches. Der künstliche Erdbeergeschmack in einem Obstjoghurt ist so übertrieben intensiv, dass manche kleinen Esser, die mit den echten Früchten konfrontiert werden, sagen: „Das schmeckt ja gar nicht nach Erdbeeren!" Riechen, fühlen, schmecken: Regen Sie junge Esser ruhig mal dazu an, mit allen Sinnen zu „begreifen", was sie da gerade zu sich nehmen. Sie können Ihrem Kind auch mal die Augen verbinden und dann einige Lebensmittel verkosten lassen: Wie viele davon erkennt es blind? Schaffen Mama oder Papa mehr Treffer?

### EXTRA-TIPP VON DR. MATTHIAS RIEDL

Es gibt Kinder, die gar kein Obst mögen, so sehr die Eltern es auch versuchen. Ist das bei Ihnen zu Hause auch der Fall? Dann machen Sie sich keine Sorgen und bleiben Sie geduldig. Man kann auch ohne Obst gesund bleiben! Bei Gemüse sollten Sie dagegen hartnäckig sein und die Sorten finden, die Ihr Kind mag. Gemüse ist für unsere Gesundheit einfach unerlässlich.

## AUCH KAUEN WILL GELERNT SEIN

Zum wahren Genuss (und einer gesunden Verdauung) gehört auch das richtige Zerkleinern der Nahrung im Mund. Das aktiviert nicht nur den Speichel, sondern steigert auch die Fähigkeit, das Essen richtig zu riechen und zu schmecken. Rund 30-mal sollte jeder Bissen vor dem Herunterschlucken gekaut werden. Nur so wird alles optimal zerkleinert und der Magen kann unbeschwert mit dem Verdauen fortfahren. Auch aus dem „Wer schafft es, 30-mal zu kauen?" kann man in der Familie einen Wettbewerb machen ...

# TRICKS FÜR MEHR GESUNDES AUF DEM TELLER

Lassen Sie Ihr Kind beim Einkaufen entscheiden, welches Gemüse im Einkaufswagen landet. Vielleicht eins in seiner Lieblingsfarbe? Mitspracherecht macht Lust aufs Ausprobieren. Und es gibt noch weitere Tipps und Tricks …

## # MOTIVATIONSTRICKS

◆ Locken Sie schwierige Esser mit einer Prämie aus ihrer Komfortzone heraus. Wer sich traut, etwas Neues zu probieren, bekommt einen Aufkleber – und bei zehn Aufklebern gibt es ein kleines Geschenk (das kann auch eine gemeinsame Unternehmung sein).

◆ Brokkolisuppe klingt wenig verlockend. Taufen Sie diese doch stattdessen lieber nach den Interessen Ihres Kindes um: zum Beispiel in Magischer Zaubertrank oder Waldfeen-Sud. Kredenzen Sie Prinzessinnen-Frikdallen (Gemüsebratlinge) oder Einhorn-Futter (Müsli-Muffins). Es kommt immer auf die Verkaufe an!

◆ Animieren Sie Ihr Kind, Sie in der Küche zu unterstützen. Junge Helfer fühlen sich wichtig und die eigene Leistung wertet das Ergebnis auf: Kinder schauen frisch gepressten Saft, Obstsalat oder selbst angerührten Kräuterquark mit ganz anderen Augen an.

◆ Selbst geerntet schmeckt's noch besser! Haben Sie einen Garten oder größere Töpfe auf dem Balkon? Dann lassen Sie Ihr Kind selbst Gemüse wie Tomaten oder Paprika anbauen. Oder ziehen Sie gemeinsam am Küchenfenster Kräuter heran. Das schafft eine bessere Beziehung zum Essen.

◆ So oft wie möglich die Mahlzeiten gemeinsam als Familie am Tisch einnehmen. Es ist nachgewiesen: In entspannter Runde isst man langsamer und weniger. Und die Kinder können sehen, was die Erwachsenen alles mit Genuss verspeisen.

◆ Was Sie immer trennen sollten: Essen und Emotionen. Also Süßigkeiten nie als Belohnung für eine gute Note oder als Trost nach dem

Sturz. Denn dann verbinden Kinder Essen mit bestimmten Gefühlslagen und greifen auch als Erwachsene automatisch zu Süßigkeiten, wenn es ihnen nicht gut geht oder sie sich belohnen wollen.

◆ Drohen Sie nicht mit Sätzen wie „Nachtisch gibt es nur, wenn du den Brokkoli aufisst". Denn in den Augen Ihres Kindes wird das Gemüse dann noch mehr zum notwendigen Übel, das man hinter sich bringen muss, um an die tolle Belohnung zu kommen. Lieber umwandeln in „Probier bitte den Brokkoli, dann kannst du zum Nachtisch übergehen".

## # KOCHTRICKS

◆ Manchmal hilft nur die perfekte Tarnung: Jubeln Sie Ihrem Kind Gemüse unter, indem Sie es sehr fein püriert unter den Kartoffelbrei mischen. Das funktioniert ebenso bei Saucen, Eintöpfen oder selbst gemachten Aufstrichen. Auch in Obst-Smoothies können Sie Gemüse mischen (etwa Salat, Spinat oder Gurke) – genauso wie in Muffins (da passt gut Zucchini).

◆ Kombinieren Sie Neues mit Bekanntem: Integrieren Sie eine bisher unbekannte Gemüsesorte ins Lieblingsgericht Ihres Kindes – zum Beispiel Pizza mit Gemüse. Das macht das Herantasten leichter!

◆ Ihr Kind mag keinen Salat? Dann mischen Sie doch mal Obst darunter: Apfelstücke oder Beeren machen sich prima zwischen grünen Blättern und verleihen dem Ganzen eine süße Note. Auch verlockend: ein Salat-Dressing mit frisch gepresstem Orangensaft.

◆ Manchmal liegt es an der Zubereitungsart, dass Ihr Kind eine bestimmte Gemüsesorte nicht mag. Es ist die Konsistenz, die als störend empfunden wird, nicht der Geschmack. Vielleicht findet Ihr Kind Paprika roh lecker, kann die Schnitze aber gebraten nicht ausstehen. Fragen Sie daher ruhig mal nach: „Warum magst du es nicht?" Sorgen Sie für Abwechslung – nicht nur bei den Gemüsesorten, sondern auch bei der Zubereitung.

◆ Wenn Gemüse oder Obst in seiner natürlichen Form und Farbe nicht ankommt, „pimpen" Sie es ein bisschen: Stechen Sie mit Plätzchenförmchen Sterne oder Herzen aus Gurkenscheiben aus. Bestreuen Sie Obst, Gemüse oder ganze Gerichte mit essbarem Gold- oder Silberpulver. Oder verzieren Sie den Inhalt der Snackbox mit bunten Esspapier-Tieren. Das Auge isst mit und kann auch zum Probieren „überreden".

◆ Reduzieren Sie Schritt für Schritt den Zuckergehalt in geliebten Fertigprodukten: Mischen Sie etwa nach und nach einen Löffel mehr Naturjoghurt unter den fertigen Fruchtjoghurt oder strecken Sie ein gekauftes Schokomüsli mit immer mehr Haferflocken.

### EXTRA-TIPP VON THOMAS MÜLLER

Als Holger Stromberg Koch der Fußball-Nationalmannschaft war, hat er uns mal einen ganz speziellen „Reis" serviert: Dafür hat er Blumenkohl ganz klein gehackt und in Öl angebraten. Das nennt sich dann Low-Carb-Reis. Auch das ist eine super Idee, um Gemüsemuffel auszutricksen. Man kann den zerkleinerten Blumenkohl übrigens auch unter echten Reis mischen. Schmeckt gut und merkt garantiert keiner …

# SAG MAL, MATTHIAS ...

Thomas Müller hat während seiner Laufbahn als Profikicker schon viel Ernährungswissen mitgenommen. Doch einige Fragen wollte er noch einmal direkt an Dr. Matthias Riedl stellen und damit auch einige Food-Mythen entlarven. Ist Salat wirklich so gesund? Was spricht gegen Fleisch? Und wie stille ich am besten den Hunger zwischendurch?

## Wie viele Mahlzeiten sind deiner Meinung nach optimal?

**MATTHIAS:** Drei. Erwachsene, die übergewichtig sind, sollten vielleicht sogar nur zweimal am Tag essen. Welche Mahlzeit man auslässt, hängt vom Typ ab. Da muss man ausprobieren, was in den Alltag passt. Wer auf ein Stück Kuchen nicht verzichten kann, sollte es nicht nachmittags essen, sondern direkt nach dem Mittagessen. Permanentes Snacken fördert die Alterung und macht dick, weil der Blutzuckerspiegel auf Dauer oben gehalten wird. Der Darm hat auf diese Weise auch ständig zu tun. Essen bedeutet immer einen Entzündungsreiz für uns. Und der schwächt das Immunsystem, das zu 80 Prozent im Darm sitzt.

## Was ist, wenn ich zwischendurch Hunger habe?

**MATTHIAS:** Dann solltest du erst mal prüfen, ob du genug getrunken hast. Die Hunger- und Durstzentren liegen im Gehirn nebeneinander und manchmal verwechselt der Körper das eine mit dem anderen. Wer sich gar nicht an die Regel der drei Mahlzeiten halten kann, sollte immer was Gesundes dabei haben, auch bei der Arbeit. Beispielsweise Nüsse oder Käsewürfel. In beidem steckt Sattmacher-Eiweiß, das ist besser als Schokolade. Bei Süßigkeiten ist das so: Wenn du das Süße siehst, geht's dir gut, weil dein Gehirn dir signalisiert, dass jetzt was Tolles kommt. Du nimmst es in die Hand, da geht's dir auch super. Sobald die Schokolade im Mund ist, noch besser. Aber wenige Minuten, nachdem du sie gegessen hast, rast der Blutzucker runter und du fühlst dich schlapp. Dann entsteht automatisch der Wunsch, diesen süßen Kick zu wiederholen ...

## Was hilft Erwachsenen am besten gegen das berühmte Nachmittagstief?

**MATTHIAS:** Ich empfehle statt einem zuckerhaltigen Snack lieber Kaffee oder grünen Tee. Bis 90 Milligramm Koffein – so viel enthält ungefähr eine Tasse Filterkaffee, bei grünem Tee ist es die Hälfte – wirken laut einer neuen Studie antidepressiv. Und Espresso punktet sogar zusätzlich mit Ballaststoffen.

## Sollte man abends generell wenig essen?

**MATTHIAS:** Tatsächlich gilt das Sprichwort: Frühstücken wie ein Kaiser, Mittagessen wie ein König und Abendessen wie ein Bettler. Wenn man aber kein Frühstücksesser ist ... Bist du eigentlich einer?
**THOMAS:** Das hängt von meinem Tagesablauf ab. Wenn es mal schnell gehen muss, gibt es einen Hafer-Eiweiß-Shake mit Früchten und eine Handvoll Walnüsse. Manchmal wird's aber doch noch die Leberkässemmel aus der Bäckerei. Dann startet mein Ernährungsbewusstsein erst am Mittagstisch. (lacht)
**MATTHIAS:** Wenn du kein Frühstücksesser bist und auch nicht beim Bäcker landest, dann ist das okay. Wenn du aber regelmäßig ungeplant vor der Brötchentheke stehst, bist du offensichtlich doch ein Frühstücksesser. Und dann solltest du das fest in deinen Tagesablauf einplanen, statt später aus Hunger zu irgendwas zu greifen.

## Ich hab mal gehört, man soll abends keine Rohkost mehr essen. Ist das so?

**MATTHIAS:** Manche Mediziner sagen, davon kriegst du Blähungen und schläfst schlecht. Aber solche eisernen Regeln mag ich nicht. Man muss es ausprobieren! Bei mir persönlich ist es zum Beispiel nicht so. Wenn man abends Salat isst und ihn verträgt, super!

## Steckt im Blattsalat viel Gutes oder sind das nur gehaltlose Blätter?

**MATTHIAS:** Es gab vor ein paar Jahren mal die Schlagzeile: „Salat ist so gehaltvoll wie ein Papiertaschentuch." Das stimmt nicht! Salate wirken blutdrucksenkend und die sekundären Pflanzenstoffe in den Blättern beruhigen und fördern den Schlaf. Dazu kommen Vitamine und Chlorophyll, das eine krebshemmende Wirkung hat. Grünes Gemüse landet in Studien in puncto Vitalstoffe immer auf den vorderen Plätzen.

## Fleisch gilt in großen Mengen als schädlich. Warum eigentlich?

**MATTHIAS:** Ganz genau hat die Wissenschaft das noch nicht herausgefunden. Aber man nimmt an, dass die Eisenverbindungen im roten Fleisch bei einer Überdosierung krebserregend sein können. Isst man zu viel, kann das Arterienverkalkung, Übergewicht und Diabetes fördern. Gerade in Würsten oder Streichwurst stecken entzündungsfördernde Fette, Zusatzstoffe und Phosphate. Wir haben das Problem, dass vor allem Jungs zwei- bis dreimal so viel Wurst essen, wie sie sollten.
**THOMAS:** Aber wie können Hardcore-Fleischfans es schaffen, ihren Konsum zu reduzieren? Wir sind ja schon stark geprägt durch unser direktes Umfeld und was uns als Kind vorgelebt wurde.
**MATTHIAS:** So ist es. Wir haben wirklich eine Ernährungspersönlichkeit. Die kann man weiterentwickeln, aber nicht komplett verbiegen. Gut ist schon mal, weniger rotes Fleisch und Wurst zu essen. Was viele nicht wissen: Du kannst die negativen Effekte des Fleischkonsums mit einer hohen Gemüsemenge ausgleichen. Das kann eine Motivation für Fleischfans sein. Vielleicht ist das ein Deal, auf den sie sich einlassen können.

# DIE CLEVERE TAUSCHTABELLE

Die gute Nachricht vorweg: Wer auf seine Gesundheit und die Figur achten möchte, muss natürlich nicht alles streichen, was gut schmeckt. Wenn man bestimmte Lebensmittel klug durch andere ersetzt, kann man jede Menge Kalorien und Fett sparen! Wenn das kein guter Matchplan ist …

| Statt … |
|---|
| Limonade, Softdrinks |
| Fruchtsaft, Fruchtsaftkonzentrat, Nektar |
| Milchshake, Schokomilch |
| Weizenbrötchen |
| Croissant |
| Butter |
| Nuss-Nougat-Creme |
| fettige Wurstsorten wie Salami oder Leberwurst |
| Doppelrahmfrischkäse |
| Kräuterquark (Fertigprodukt) |
| Müsli (Fertigprodukt) mit hohem Zuckergehalt |
| Fruchtjoghurt |
| geschälter Reis (weißer Reis) |
| Hartweizennudeln |
| Pommes frites, Bratkartoffeln |
| rotes Fleisch (Schwein, Rind) |
| Kartoffelchips |
| Tomatenketchup |
| gesalzene Erdnüsse |
| Sahneeeis |
| Gummibärchen |
| Milchschokolade |
| Schokoladenkekse |

| Lieber … |
| --- |
| Wasser mit abwechslungsreichen Einlagen wie Beeren, Orangenscheiben, gefrorenen Weintrauben, Minzeblättern, Gurkenscheiben usw. |
| selbst gepresste Säfte, mit Mineralwasser verdünnte Direktsäfte (im Verhältnis 1:4) |
| selbst gemachter Smoothie oder Shake |
| Brötchen aus alternativem Mehl wie Dinkel, Roggen, Buchweizen, am besten Vollkorn |
| Milchhörnchen oder -brötchen, Hefegebäck |
| Nussmus, beim Kochen Olivenöl |
| Fruchtaufstrich mit hohem Fruchtanteil oder zumindest Nusscreme mit wenig Palmfett |
| magerer Aufschnitt (bis 12 g Fett/100 g) wie gekochter Schinken, Putenbrust, Kassler |
| körniger Frischkäse (Hüttenkäse) |
| Speisequark (bis 20 % Fett), verrührt mit frischen Kräutern und Gewürzen |
| entweder Müsli selbst machen oder – noch einfacher – auf Haferflocken pur umstellen |
| Naturjoghurt oder Speisequark mit frischen Früchten und Kokoschips oder Kakaonibs |
| Naturreis, roter Vollkornreis, Quinoa |
| Vollkornnudeln, Nudeln aus Hülsenfruchtmehl |
| Ofen- oder Pellkartoffeln |
| Hähnchen, Pute, Wild |
| Ofenchips aus Kichererbsen oder Gemüse (Rote Bete, Grünkohl) |
| Tomatenmark |
| unbehandelte, naturbelassene Nüsse wie Walnüsse, Mandeln, Cashewkerne |
| Sorbet, selbst gemachtes Jogurt-Obst-Eis, Wassereis, Smoothie mit gefrorenen Früchten |
| Fruchtleder, Trockenfrüchte (Achtung, in Maßen!) |
| dunkle Schokolade (mind. 70 % Kakaoanteil) |
| Reisgebäck |

# ZEIT FÜR EINE TRINKPAUSE!

Warum es für Kinder und Erwachsene essenziell ist, reichlich zu trinken. Wie viel es genau sein sollte und wie Sie Ihren Nachwuchs dazu bringen, regelmäßig ein Glas zu leeren.

Die Konzentration lässt nach, wir fühlen uns schlapp oder bekommen Kopfschmerzen. So fühlt es sich an, wenn wir zu wenig trinken. Nur 1 Prozent Wassermangel macht schon 10 Prozent weniger geistige und körperliche Leistungsfähigkeit aus! Wasser ist der Hauptbestandteil der menschlichen Zellen und hat viele Funktionen im Körper. Unter anderem ist es dafür verantwortlich, Nährstoffe von A nach B zu transportieren. Erwachsene haben einen Wasseranteil von bis zu 65 Prozent, bei Kindern sind es sogar bis zu 75. Das liegt an ihrem Körperbau. Ihr Rumpf, in dem sich fast alle wichtigen Organe befinden, ist im Verhältnis zum Rest des Körpers größer als bei Erwachsenen. Daher brauchen sie noch mehr Flüssigkeit.

### WER SOLLTE WIE VIEL TRINKEN?

Die **Trinkformel für Erwachsene** lautet: täglich **0,03 Liter pro Kilogramm Körpergewicht.** Eine Person mit einem Körpergewicht von 70 Kilo rechnet also: **70 x 0,03 = 2,1 Liter.**

Beim Nachwuchs ist es etwas mehr: **Kleinkinder ab einem Jahr** sollten ungefähr **600 ml pro Tag** trinken.

**Kinder zwischen vier und zehn Jahren** benötigen **1 Liter** und **Jugendliche** ungefähr **1,5 Liter.** Wichtig: Bei körperlicher Anstrengung und Hitze steigt natürlich der Bedarf.

## TIPPS FÜR TRINKMUFFEL

Erwachsene sollten sich die angestrebte Tagesration an Wasser bereitstellen und darauf achten, jede Stunde ein Glas zu trinken. Auch auf dem Nachttisch sollte eine Flasche mit Wasser stehen. Kinder vergessen beim Spielen gerne mal das Trinken. Hinter ihrer Lust auf Süßes steckt dann oftmals auch einfach nur Durst. Um sie ans regelmäßige Trinken heranzuführen, können Sie sich Rituale einfallen lassen: etwa, dass jedes Familienmitglied nach dem Aufstehen ein Glas Wasser trinkt. Haben Sie auf Ausflügen immer Wasserflaschen für alle dabei und bieten Sie zwischendurch einen Schluck an. Gut zu wissen: Auch wasserhaltige Lebensmittel wie Salatgurken oder Wassermelonen tragen zur Flüssigkeitsversorgung bei.

## GUTE DURSTLÖSCHER

Ungesüßte Getränke wie Wasser und Kräutertees sind die erste Wahl. Durch Säfte und Schorlen werden Kinder auf süß gepolt – das natürliche Geschmacksempfinden sinkt und das Risiko für Übergewicht, Diabetes Typ 2 und Karies steigt. Ihr Kind kann sich mit purem Wasser nicht anfreunden? Dann gewöhnen Sie es schrittweise an weniger Geschmack, indem Sie Säfte oder Schorlen nach und nach mit immer mehr Wasser verdünnen (Ziel ist ein Mix von 1:4). Und schränken Sie den Genuss auf eine bestimmte Mahlzeit ein, um klar zu machen: Das ist etwas Beonderes. Hochkalorische Getränke wie Cola, Limonaden oder Energydrinks eignen sich nicht als Durstlöscher. Eine Studie der Universität Zürich hat ergeben, dass die Zuckermenge in Softdrinks die körpereigene Fettproduktion in der Leber verdoppeln kann. Diät-Limonaden liefern zwar kaum Kalorien, doch ihre Süßstoffe schaden der Darmflora. Für Kids und Jugendliche unter 15 Jahren sollte Koffeinhaltiges übrigens besser tabu sein: Kaffee, Energydrinks und Co. können bei ihnen zu Herzrasen, Bauchschmerzen, Hyperaktivität oder Angstgefühlen führen.

## DIESE GETRÄNKE KRIEGEN DIE ROTE KARTE!

Denn es handelt sich hierbei nicht um Durstlöscher, sondern um Kalorien- und Zuckerbomben **(Angaben je 200 ml = 1 Glas).**

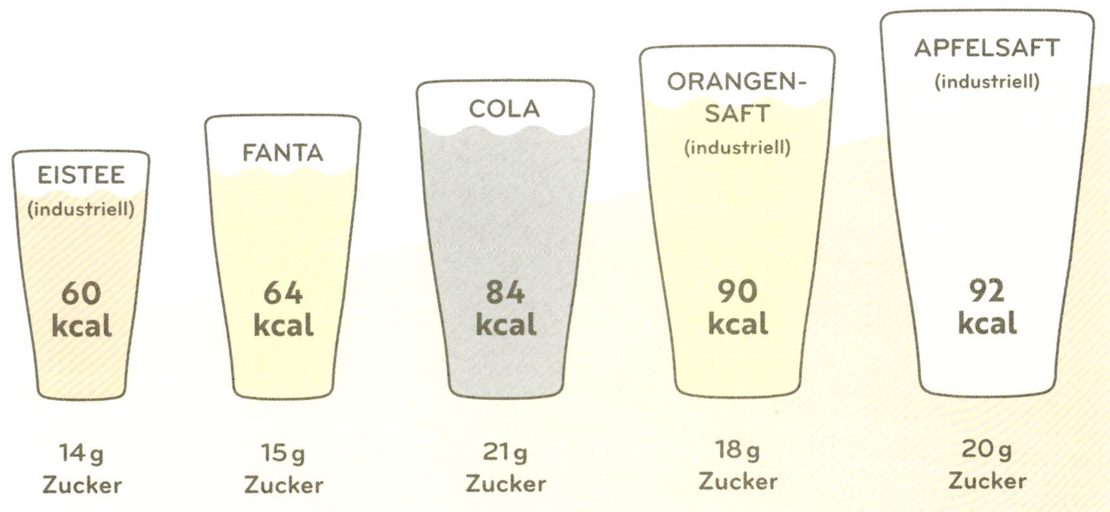

# ESSEN UND SPORTELN SIE KRANKHEITEN WEG!

Was wir zu uns nehmen und wie oft wir uns bewegen, beeinflusst nicht nur unsere Figur, sondern generell unsere Gesundheit. Es ist wissenschaftlich erwiesen: Viele Krankheiten und Beschwerden lassen sich durch einen gesunden Lebensstil lindern oder sogar vermeiden.

Sieht man es Schwarz auf Weiß vor sich, ist es ganz schön erschreckend: Laut Robert Koch-Institut gehören 46,6 Prozent der Frauen und 60,5 Prozent der Männer in Deutschland in die Kategorie „übergewichtig". Bei Kindern und Jugendlichen sind es auch 15,4 Prozent: also jede(r) siebte! Tendenz seit der Corona-Pandemie stark steigend. Diese Zahlen sind so bedenklich, weil eine gute Figur nicht etwa nur dafür da ist, in ein angesagtes Jeansmodell zu passen. Wer sich artgerecht ernährt und bewegt, hält damit seinen ganzen Körper gesund: vom kleinen Zeh bis zu den Haarwurzeln. Was passiert, wenn man das nicht tut, lässt sich ebenfalls an Zahlen ablesen: Schätzungsweise 90 Prozent aller Krankheiten und ungefähr 40 Prozent der Krebsfälle in Europa sind auf einen ungesunden Lebensstil (unter anderem also auf schlechte Ernährung) zurückzuführen – und wären damit im Umkehrschluss in vielen Fällen vermeidbar.

Die falsche Ernährung kann viele gesundheitliche Probleme nach sich ziehen: von Karies über eine Schilddrüsenerkrankung, Rheuma, Osteoporose, Gicht, Fettleber, Adipositas, Diabetes Typ 2 und Herz-Kreislauf-Beschwerden bis hin zu einer Krebserkrankung. Andersherum kann Essen aber auch als Medizin fungieren, mit der wir unseren Körper ganz ohne Rezept und Nebenwirkungen heilen können. Ein Beispiel: Die in Leinsamen oder Olivenöl enthaltenen Omega-3-Fettsäuren können sich bei Depressionen positiv auf die Psyche auswirken. Kinder mit ADHS sind nachweislich weniger zappelig, wenn sie regelmäßig Omega-3-Fettsäuren zu sich nehmen. Und auch Bewegung hat in 95 Prozent aller Krankheitsfälle einen heilenden Effekt! Dies ist ein Aspekt, den man Kindern schon von jungen Jahren an vermitteln kann: Wir essen gesund und sind aktiv, um unseren Körper möglichst lange fit zu halten.

# LECKERE GLÜCKLICH-MACHER

Wir können uns nicht nur gesund und fit, sondern auch glücklich essen. Sogenanntes Mood Food beeinflusst unsere Psyche, weil es die Bildung von Glückshormonen wie Dopamin und Serotonin anregt. Hier kommt eine kleine legale „Dopingliste" …

**Dunkle Schokolade**
Forscher haben in verschiedenen Studien nachgewiesen, dass dunkle Schokolade (ab einem Kakaogehalt von 70 %) Entzündungen im Körper lindert, die Laune verbessert und die Konzentrationsfähigkeit steigert. Ein hoher Kakaoanteil senkt außerdem die Ausschüttung von Stresshormonen: Jeder Biss beruhigt.

**Bananen**
Der in Bananen enthaltene Ballaststoff Inulin regeneriert die Darmschleimhaut und beugt so einem „Leaky-Gut-Syndrom" (durchlässiger Darm) sowie anderen Erkrankungen im Verdauungstrakt vor. Das macht uns durch und durch happy, denn die Darmflora beeinflusst unsere Stimmung. Zudem beruhigt das in Bananen enthaltene Vitamin B die Nerven. Kalium reguliert den Blutdruck, versorgt das Gehirn mit Sauerstoff und baut so Stress ab.

**Mandeln**
Genau wie in Bananen steckt auch in Mandeln Tryptophan. Es löst durch die Bildung von Serotonin Glücksgefühle aus und entspannt. Ein idealer Snack für zwischendurch! Aber bitte unbedingt mit Haut essen, denn in ihr verbergen sich besonders viele Antioxidantien, die die Zellen fit halten.

**Ingwer**
Die Scharfstoffe (Gingerole) in der frischen Knolle heizen an kalten Tagen nicht nur von innen ein – sie reizen auch unsere Zunge. Die nimmt einen Schmerz wahr und der Körper reagiert darauf ganz natürlich: Er schüttet Endorphine (Glückshormone) aus, um die Ingwer-Wirkung zu lindern.

**Joghurt**
Die Bakterien im Joghurt verbessern die Darmflora, was sich positiv auf die Stimmung auswirkt. Eine Tierstudie der University of Virginia School of Medicine hat ergeben, dass das Darmbakterium Lactobacillus, das in lebenden Joghurtkulturen vorkommt, bei Ratten sogar Depressionen lindern konnte.

# BEWEGUNG IST WICHTIG!

# ALSO: PACK MAS!

# SETZEN SIE ALLE HEBEL IN BEWEGUNG

Ob Treppen steigen, spazieren gehen, im Garten arbeiten, joggen oder Fußball spielen – jede Bewegung zählt! Nicht nur für eine gute Figur, sondern auch für ein fittes Gehirn. Es lohnt sich, wenn Sie Ihre Familie ordentlich ins Schwitzen bringen!

Zum „artgerechten" Leben gehört nicht nur die richtige Ernährung, sondern auch genug Bewegung. Was heißt genug? Nun, da gibt es konkrete Richtwerte: Die Weltgesundheitsorganisation (WHO) empfiehlt für Kinder und Jugendliche zwischen fünf und 17 Jahren täglich 1 Stunde körperliche Aktivität. Erwachsene sollten mindestens 150 bis 300 Minuten pro Woche ins Schwitzen kommen. Warum das so wichtig ist? Bei Weitem nicht nur für die Figur und die Funktionstüchtigkeit unserer Organe. Durch Bewegung steigt die Durchblutung im Gehirn – allein beim Gehen um etwa 15 Prozent. Das Gehirn wird aktiver, neue Nervenverbindungen entstehen. Das wirkt sich bei Kindern unter anderem positiv

### EXTRA-TIPP VON THOMAS MÜLLER

Keine Frage: Bewegung ist wichtig! Aber Kinder heutzutage dafür zu begeistern, ist gar nicht so leicht. Spiel- oder Bolzplätze können oft nicht mit dem digitalen Angebot mithalten. Außerdem werden viele Kinder mit dem iPad oder vor dem Fernseher „still gestellt". Warum haben wir uns früher mehr bewegt? Weil es keine Alternativen gab! Draußen zu spielen hat mehr Spaß gemacht als drinnen. Eltern sollten sich die Zeit nehmen, mit ihrem Kind zu spielen, oder dafür sorgen, dass es sich irgendwo bewegen kann. Geben Sie Ihrem Kind die Chance, sich bei verschiedenen Sportarten auszuprobieren. Erst wenn das Kind die Sportart findet, an der es Spaß hat und für die es das nötige Talent mitbringt, bleibt es dauerhaft dabei. Ohne diese Voraussetzungen verliert es schnell wieder die Lust.

auf die Sprachentwicklung aus. Bewegen sie sich ausreichend, können sie sich besser konzentrieren, schlafen tiefer, können besser Stress abbauen und sind weniger aggressiv. Das ist bei Erwachsenen übrigens genauso. Bewegung wirkt nicht nur zeitnah, sondern auch präventiv. Sie kann neben Übergewicht Erkrankungen wie Osteoporose vorbeugen. Sport verbessert die Knochengesundheit, was das Risiko für Brüche reduziert, und sie stärkt unser Immunsystem.

Leider sind wir in Deutschland weit von der Erfüllung der WHO-Vorgaben entfernt, wie das internationale Bewegungszeugnis 2022 der TU München belegt, das in 57 Ländern die körperliche Aktivität von Kindern und Jugendlichen analysiert hat. Deutschland erhielt lediglich die Schulnote vier minus. Der Grund: Nur ein Drittel der Kinder bewegt sich genug. Gerade mal 40 Prozent legen den Schulweg regelmäßig zu Fuß oder mit dem Fahrrad zurück. Und 80 Prozent sitzen täglich mehr als zwei Stunden vor Computer, Handy oder Fernseher. Bauen Sie also mehr Bewegung in Ihr Leben und das Ihrer Kinder ein. Mit diesen Tipps fällt das leichter.

## FITNESS-HACKS FÜR GROSSE UND KLEINE SPORTLER

- Schaffen Sie Bewegungsmöglichkeiten in den eigenen vier Wänden, etwa durch eine Reckstange im Türrahmen.

- Sprechen Sie im Beisein Ihres Kindes davon, wie gut Ihnen Bewegung tut und wie viel Spaß Sie daran haben. Führen Sie Ihre Lieblingsübungen vor. Kinder wollen oft direkt mitmachen und mehr als die Eltern schaffen. Machen Sie einen kleinen Wettbewerb daraus, nach dem Motto: Wer schafft mehr Hampelmänner, Liegestütze oder Seilsprünge?

- Drehen Sie die Musik an und animieren Sie Ihr Kind zum Tanzen! Auch das ist ein Workout. Und gleichzeitig wird beim Tanzen auch noch die Koordination geschult.

- Planen Sie gemeinsame Ausflüge an Orte, wo Aktivitäten stattfinden: zum Spielplatz, ins Schwimmbad, zum Skatepark, in den Klettergarten oder in die Eishalle. Nehmen Sie auch Freunde Ihrer Kinder mit.

- Oder wie wäre es mit einer Schnitzeljagd? Unter dem Stichwort „Geocaching" finden Sie online geografische Koordinaten für interessante Schätze in Ihrer Umgebung.

| Sportart | Kalorienverbrauch pro Stunde |
|---|---|
| Spazierengehen | ca. 200 kcal |
| Skateboarden | ca. 280 kcal |
| Bergwandern | ca. 350 kcal |
| Tanzen | ca. 350 kcal |
| Nordic Walking | ca. 400 kcal |
| Tennis | ca. 400 kcal |
| Radfahren | ca. 450 kcal |
| Ballett | ca. 500 kcal |
| Kraftsport | ca. 500 kcal |
| Fußball | ca. 500 kcal |
| Schwimmen | ca. 530 kcal |
| Joggen | ca. 550 kcal |
| Trampolinspringen | ca. 700 kcal |

MMMMH,
DAS WIRD LECKER!

# ANPFIFF: ALLE RAN AN DIE TÖPFE!

So, jetzt aber genug mit der Theorie. Es ist Zeit für den Kick-off in der Küche! Dr. Matthias Riedl und Thomas Müller kochen beide gerne mit frischen und regionalen Zutaten. Diese sind die ideale Basis für die leckeren Rezepte, die auf den nächsten Seiten folgen. Viele der Gerichte können Sie auch zusammen mit Ihren Kindern zubereiten. Verteilen Sie die Aufgaben wie auf dem Fußballfeld: Wer wäscht das Obst und Gemüse? Wer schnippelt? Wer deckt den Tisch? Mit einer gut funktionierenden Mannschaft wird das Familienessen zum perfekten Heimspiel!

# SO FÄNGT DER TAG GUT AN

Ein gesundes Frühstück ist der perfekte Start in den Tag! Wie wäre es mit einem Beeren-Shake, wenn's schnell gehen muss? Oder einem proteinreichen Rührei, das sich mit verschiedenen Zutaten aufpeppen lässt? Selbst ein süßer Crumble aus dem Ofen ist okay, wenn man auf die richtigen Zutaten setzt. Sie wünschen sich einen köstlichen Kickstart am Morgen? Dann blättern Sie schnell weiter!

# POWERMÜSLI
## MIT MANDELN UND ZIMT

Für 10 Portionen
Zubereitungszeit: 35 Min.

100 g Mandeln
50 g Cashewkerne
150 g zarte Haferflocken
50 g geschroteter Leinsamen
50 g Sonnenblumenkerne
20 g helle Sesamsamen
20 g Kürbiskerne
1 TL Zimtpulver
2 EL Rapsöl
80 g Honig
40 ml Apfelsaft

Pro Portion: ca. 265 kcal | 9 g EW | 16 g F | 20 g KH

1 Den Backofen auf 150 °C vorheizen. Ein Backblech mit Backpapier belegen.

2 Mandel- und Cashewkerne mit einem Messer grob hacken. Mit allen anderen Zutaten in einer Schüssel verrühren und die Masse auf dem Backblech verteilen.

3 Das Müsli im vorgeheizten Ofen auf der mittleren Schiene etwa 20 Minuten backen, dabei alle 5 Minuten mit einem Pfannenwender umrühren. Achtung, das Müsli sollte nicht dunkel werden, da es sonst bitter wird. Das Müsli nach dem Backen auf dem Blech vollständig auskühlen lassen und in ein großes, verschließbares Gefäß – am besten in ein Weckglas mit Bügelverschluss – umfüllen. An einem kühlen, dunklen Ort hält sich die Müslimischung etwa 4 Wochen.

4 Zum Servieren pro Portion 50 g Müsli mit etwa 200 ml Milch oder ungesüßtem Pflanzendrink übergießen. Nach Belieben mit frischem Obst wie Blaubeeren oder Äpfeln genießen.

### GUT ZU WISSEN

Dieses Müsli ist perfekt, um morgens ordentlich Energie für den Tag zu tanken. Haferflocken machen dank ihrer Ballaststoffe nicht nur lange satt, sie versorgen uns auch mit wertvollen Mineralstoffen wie Eisen, Zink und Magnesium. Letzteres ist gut für unsere Muskeln und den Energiestoffwechsel. Außerdem stärkt es die Nerven und macht uns weniger anfällig für Stress.

# SCHOKO-PORRIDGE MIT ERDBEEREN

Für 4 Personen
Zubereitungszeit: 15 Min.
Ruhezeit: 10 Min.

500 g Erdbeeren
1 Vanilleschote
60 g Cashewkerne
700 ml Milch (3,5 % Fett)
160 g zarte Haferflocken
2 EL Kakaopulver
20 g Zartbitterschokolade (85 % Kakaoanteil)
20 g Kokosraspel

Pro Portion: ca. 480 kcal | 18 g EW | 23 g F | 45 g KH

1 Die Erdbeeren waschen, putzen und in dünne Scheiben schneiden. Die Vanilleschote längs aufschneiden und das Mark mit einem spitzen Messer herauskratzen. Die Cashewkerne hacken.

2 Milch, Haferflocken und Vanillemark in einem Topf unter Rühren aufkochen und bei schwacher Hitze etwa 3 Minuten köcheln lassen. Den Topf vom Herd nehmen und den Porridge zugedeckt etwa 10 Minuten ruhen lassen.

3 Anschließend den Kakao und die gehackten Cashewkerne unterrühren. Die Schokolade auf einer Küchenreibe grob raspeln.

4 Zum Servieren den lauwarmen Porridge auf Schalen verteilen und mit den Erdbeerscheiben garnieren. Zuletzt die Schoko- und Kokosraspel darüberstreuen.

## GUT ZU WISSEN

Wenn Erdbeeren Saison haben, sollten Sie unbedingt zugreifen. Denn die roten Sommerfrüchte enthalten sehr viel Vitamin C – sogar mehr als Zitronen oder Orangen. Mit einer Portion Erdbeeren (ca. 150 g) decken Sie schon locker den Tagesbedarf eines Erwachsenen an Vitamin C. Außerhalb der Erdbeersaison können Sie den Porridge genauso gut mit Orangenfilets, Apfelstücken oder Blaubeeren belegen: Die füllen ebenfalls die Vitamin-C-Tanks auf!

# BIRNEN-PORRIDGE MIT WALNÜSSEN

Für 4 Personen
Zubereitungszeit: 15 Min.

4 EL Walnusskerne
2 reife Birnen
1 EL Kokosöl
1 TL gemahlener Kardamom
160 g feine Haferflocken
800 ml ungesüßter Mandeldrink
1 EL Ahornsirup
½ TL gemahlene Vanille
Salz

Pro Portion: ca. 340 kcal | 8 g EW | 14 g F | 41 g KH

1 Die Nüsse grob hacken und in einer Pfanne ohne Fett bei mittlerer Hitze 2 bis 3 Minuten leicht rösten. Herausnehmen und abkühlen lassen.

2 Die Birnen waschen, vierteln, entkernen und in dünne Scheiben schneiden. Das Kokosöl in der Pfanne erhitzen, die Birnenscheiben hineingeben, mit ½ TL Kardamom bestreuen und dünsten, bis sie weich sind.

3 Haferflocken, Mandeldrink, Ahornsirup, restlichen Kardamom und Vanille mit 1 Prise Salz in einem zweiten Topf unter Rühren aufkochen und bei mittlerer Hitze etwa 3 Minuten köcheln lassen, bis der Porridge die gewünschte Konsistenz hat.

4 Zum Servieren den Porridge auf Schalen verteilen, mit den gedünsteten Birnenscheiben und den gerösteten Walnüssen garnieren.

## GUT ZU WISSEN

Wer sich vegan ernähren möchte, verwendet keinen Honig. Als Ersatz bieten sich andere natürliche Süßungsmittel wie etwa Ahornsirup an. Um ihn herzustellen, zapft man den Saft der Zuckerahornbäume ab und kocht ihn stark ein. Ahornsirup hat weniger Kalorien als Haushaltszucker, dafür aber ein paar Vitamine, Mineralstoffe und Antioxidantien im Gepäck. Trotzdem erhöht er den Blutzuckerspiegel genauso wie Haushaltszucker, weshalb man auch mit Ahornsirup sparsam umgehen sollte (als Faustregel gilt: maximal 1 EL pro Tag).

# OVERNIGHT OATS
## MIT NÜSSEN UND KAKAO

Für 4 Personen
Zubereitungszeit: 10 Min.
Ruhezeit: 2 Std. oder über Nacht

200 g kernige Haferflocken
½ l ungesüßter Sojadrink
2 EL Ahornsirup
2 EL Kakaopulver
1 TL Zimtpulver
4 EL Cashewkerne
1 Mango
4 EL Haselnussmus (alternativ Mandel- oder Erdnussmus)
4 EL Kakaonibs

Pro Portion: ca. 435 kcal | 14 g EW | 26 g F | 31 g KH

**1** Am Vorabend die Haferflocken mit Sojadrink, Ahornsirup, Kakao- und Zimtpulver in eine Schüssel geben und gründlich verrühren, bis sich alle Klümpchen aufgelöst haben. Den Haferflocken-Mix über Nacht – oder mindestens 2 Stunden – abgedeckt in den Kühlschrank stellen.

**2** Am nächsten Morgen die Cashewkerne grob hacken und in einer Pfanne ohne Fett bei mittlerer Hitze 2 bis 3 Minuten leicht rösten. Herausnehmen und abkühlen lassen.

**3** Inzwischen die Mango schälen, das Fruchtfleisch zuerst in breiten Streifen vom Stein und dann in Würfel schneiden.

**4** Zum Servieren die Overnight Oats auf Schalen verteilen. Mit den Mangowürfeln garnieren und jeweils 1 EL Haselnussmus, geröstete Cashewkerne und Kakaonibs darübergeben.

### KÜCHENTIPP

Wer morgens lieber etwas Warmes frühstückt, kann die Overnight Oats zum Essen aufwärmen. Dazu erhitzt man sie kurz in einem Topf oder der Mikrowelle, bevor man das Topping darüberstreut. Falls die Oats beim Aufwärmen zu fest werden, einfach noch 1 Schuss Sojadrink untermischen. Statt Mango passen auch Blaubeeren.

# JOGHURTGRIESS MIT HIMBEERSAUCE

Für 4 Personen
Zubereitungszeit: 20 Min.

½ l Milch (3,5 % Fett)
120 g Grieß
1 Vanilleschote
300 g griech. Joghurt (10 % Fett)
2 EL flüssiger Honig
250 g Himbeeren
4 getrocknete Datteln (ohne Stein)
100 ml Apfelsaft
2 Stiele Minze

Pro Portion: ca. 375 kcal | 11 g EW | 13 g F | 50 g KH

1 Die Milch in einem kleinen Topf unter Rühren aufkochen. Den Grieß einrieseln lassen und bei schwacher Hitze unter ständigem Rühren etwa 3 Minuten köcheln lassen. Anschließend den Grießbrei abkühlen lassen.

2 Die Vanilleschote längs aufschneiden und das Mark mit einem spitzen Messer herauskratzen. Joghurt, Honig und Vanillemark unter den Grießbrei rühren. Den Grießbrei so lange verrühren, bis er eine glatte Konsistenz hat.

3 Die Himbeeren verlesen, vorsichtig waschen und trocken tupfen. Die Datteln klein schneiden. Beides mit dem Apfelsaft in einen hohen Rührbecher geben und mit dem Stabmixer fein pürieren. Die Minze waschen, trocken tupfen und die Blätter abzupfen.

4 Den Joghurtgrieß auf Schalen verteilen und die Himbeersauce darübergeben. Mit den Minzeblättern garnieren.

## GUT ZU WISSEN

Griechischer Joghurt ist besonders cremig, weil er im Gegensatz zu Naturjoghurt (3,5 %) dank extraviel Sahne auf einen Fettanteil von 10 % kommt. Er hält lange satt und bewahrt uns vor Heißhungerattacken. Außerdem ist Joghurt reich an Kalzium – das sorgt für starke Knochen.

# ENERGIE AUS DEM GLAS

Diese fruchtig-cremigen Shakes sind perfekt, um nach dem Sport die Energiespeicher wieder aufzufüllen und den Muskelaufbau zu unterstützen – ganz ohne künstlich hergestelltes Proteinpulver. Sie versorgen Groß und Klein mit ausreichend Vitaminen und Mineralstoffen. Hier bedeutet jeder Schluck ein Gesundheitsplus! Zum Beispiel dank eiweißreichem Erdnussmus, Hanfsamen mit ungesättigten Fettsäuren, vitaminreichen Beeren oder Banane als super Magnesium- und Kaliumlieferant. Die Drinks eignen sich außerdem auch ganz wunderbar für ein kleines „Täuschungsmanöver" bei wählerischem Nachwuchs: Kids, die sonst den Obstteller verschmähen oder echte Frühstücksmuffel sind, greifen bei den köstlich süßen Shakes sicher gerne zu.

## FRÜHSTÜCKS-SHAKE MIT BEEREN

Für 2 Personen:

**70 g zarte Haferflocken** mit **150 g gemischten TK-Beeren** (z. B. Himbeeren, Brombeeren, Schwarze Johannisbeeren) in einen Standmixer geben. **1 reife Banane** schälen, in grobe Stücke brechen und dazugeben. Zuletzt **2 EL helles Mandelmus, 1 EL geschroteten Leinsamen** und **400 ml ungesüßten Sojadrink** hinzufügen und alles fein pürieren. Anschließend auf zwei große Gläser verteilen.

Zubereitungszeit: 5 Min.
Pro Portion: ca. 410 kcal | 18 g EW | 18 g F | 38 g KH

Scannen und dann loskochen mit Thomas und Matthias

## ERDBEER-SHAKE MIT BANANE

Für 2 Personen:

**250 g TK-Erdbeeren** (ersatzweise TK-Blaubeeren) rechtzeitig auftauen lassen. **½ reife Banane** schälen und in grobe Stücke brechen. Beides mit **½ l ungesüßtem Sojadrink, 40 g Hanfsamen** und **2 EL hellem Mandelmus** in einen Standmixer geben und fein pürieren. Den Shake zum Servieren auf zwei große Gläser verteilen.

Zubereitungszeit: 5 Min.
Pro Portion: ca. 365 kcal |
17 g EW | 20 g F | 21 g KH

Veganer Drink

## SPORT-SHAKE MIT NUSSMUS

Für 2 Personen:

**1 reife Banane** schälen und in grobe Stücke brechen. Mit **600 ml ungesüßtem Sojadrink, 2 EL Erdnussmus, 100 g Haferschmelzflocken, 1 Msp. Kurkumapulver** und **½ TL gemahlener Vanille** in einen Standmixer geben und fein pürieren. Zum Servieren den Shake auf zwei große Gläser verteilen.

Zubereitungszeit: 5 Min.
Pro Portion: ca. 430 kcal |
23 g EW | 15 g F | 45 g KH

Bringt Energie

# BANANEN-DATTEL-BROT MIT MANDELN

Für 1 Kastenform
(ca. 25 cm; 15 Scheiben)
Zubereitungszeit: 15 Min.
Backzeit: 45 Min.
Ruhezeit: 10 Min.

80 g getrocknete Datteln (ohne Stein)
50 g Mandeln
3 überreife Bananen (ca. 300 g)
1 kleiner Apfel (ca. 130 g)
2 Bio-Eier (Größe M)
150 g Dinkelmehl (Type 630)
1 Päckchen Backpulver
1 TL Zimtpulver

Pro Scheibe: ca. 100 kcal | 3 g EW | 3 g F | 15 g KH

**1** Die Datteln und Mandeln fein hacken oder in einem Mixer zerkleinern. Die Bananen schälen, in grobe Stücke brechen und in einem hohen Rührbecher mit dem Stabmixer pürieren. Den Apfel waschen, entkernen und auf einer Küchenreibe raspeln. Den Backofen auf 180 °C vorheizen.

**2** Die Eier in einer Schüssel mit den Quirlen des Handrührgeräts schaumig schlagen. Mehl und Backpulver mischen, zu den Eiern geben und gründlich unterrühren. Apfel, Bananenbrei, Datteln, Mandeln und Zimt untermischen.

**3** Die Kastenform mit Backpapier auslegen. Den Teig in die Backform füllen und das Bananenbrot im vorgeheizten Ofen auf der mittleren Schiene etwa 45 Minuten backen. Anschließend im ausgeschalteten Ofen 10 Minuten ruhen lassen. Das Brot herausnehmen und vor dem Anschneiden auf einem Kuchengitter gut abkühlen lassen.

## GUT ZU WISSEN

Es muss nicht immer weißer Haushaltszucker sein. Datteln und sehr reife Bananen sind zum Süßen von Speisen eine gute, weil gesündere Alternative. Beide liefern im Gegensatz zu Zucker noch eine Portion Ballaststoffe, Vitamine und Mineralstoffe. Besonders in Bananen ist reichlich Magnesium enthalten, das Sportlern eine gesunde Muskelfunktion garantiert.

# FRUCHTIGE SMOOTHIE-BOWL
## MIT GRANATAPFELKERNEN

Für 4 Personen
Zubereitungszeit: 10 Min.

900 g TK-Beerenmischung (z. B. Himbeeren, Blaubeeren, Johannisbeeren)
800 g griech. Joghurt (10 % Fett)
4 EL Ahornsirup oder Honig
2 Kiwis
200 g frische Blaubeeren
½ Granatapfel
4 EL Hanfsamen
4 EL Kokosraspel

Pro Portion: ca. 580 kcal | 13 g EW | 32 g F | 48 g KH

1 Die tiefgekühlte Beerenmischung mit dem Joghurt und dem Ahornsirup im Mixer so lange pürieren, bis ein homogener Smoothie entsteht. Die Beeren sollten zerkleinert, der Smoothie aber nicht zu flüssig sein.

2 Für das Topping die Kiwis schälen und in Scheiben schneiden. Die Blaubeeren verlesen, waschen und trocken tupfen. Zum Herauslösen der Granatapfelkerne die Granatapfelhälfte über eine Schüssel halten und mit einem Holzlöffel kräftig auf die Schale klopfen, bis alle Kerne herausgefallen sind (Achtung, das spritzt!).

3 Den Smoothie auf Schalen verteilen und mit Kiwischeiben, Beeren, Granatapfelkernen, Hanfsamen und Kokosflocken nach Belieben garnieren.

### GUT ZU WISSEN

Die bunte Bowl garantiert einen gesunden Start in den Tag: Die Beeren und Granatapfelkerne wirken antientzündlich, der fett- und proteinreiche Joghurt macht lange satt, Hanfsamen und Kokosraspel liefern wertvolle Fette. Vor allem Hanfsamen sind ein echtes Superfood: Sie enthalten reichlich Omega-3-Fettsäuren, die Entzündungen im Körper lindern und die Gefäße jung halten. Und die kleinen Kraftpakete versorgen alle Sportler mit einer Extraportion Magnesium. Wichtig: Hanfsamen vertragen keine Hitze – daher sollte man sie nicht rösten, sondern am besten direkt übers Müsli oder über den Salat streuen.

# BREAKFAST-CRUMBLE MIT BEEREN

Für 4 Personen (für 1 Auflaufform)
Zubereitungszeit: 10 Min.
Backzeit: 35–40 Min.

500 g frische oder TK-Brombeeren (oder TK-Beerenmischung, aufgetaut)
1 TL geriebener frischer Ingwer (oder 1 TL gemahlener Ingwer)
abgeriebene Schale von ½ Bio-Zitrone
160 g kernige Haferflocken
1 EL Zimtpulver
Salz
2 Bio-Eier (Größe M)
½ l ungesüßter Mandeldrink
80 g Kürbiskerne
80 g Mandeln
5 EL Ahornsirup
1 EL Kokosöl

Pro Portion: ca. 595 kcal | 22 g EW | 30 g F | 54 g KH

1 Den Backofen auf 180 °C vorheizen. Die frischen Beeren verlesen, waschen und trocken tupfen. Die Beeren gleichmäßig in der Auflaufform verteilen. Ingwer und Zitronenschale mit den Haferflocken, dem Zimt und 1 Prise Salz mischen und über den Beeren verteilen.

2 Die Eier mit dem Mandeldrink in einer Schüssel aufschlagen und über den Haferflocken-Mix gießen. Die Kürbiskerne und Mandeln mit dem Ahornsirup und dem Kokosöl vermischen und gleichmäßig auf der Masse verteilen.

3 Die Mischung im vorgeheizten Ofen auf der mittleren Schiene 35 bis 40 Minuten backen. Den Crumble herausnehmen, abkühlen lassen und zum Servieren auf Teller verteilen.

## KÜCHENTIPP

Sie möchten den Crumble vegan zubereiten? Dann können Sie die Eier durch sogenannte Chia-Eggs ersetzen. Dafür 2 EL Chiasamen und 6 EL Wasser verrühren und etwa 15 Minuten im Kühlschrank quellen lassen. Dann wie im Rezept beschrieben mit dem Mandeldrink mischen und über den Beeren verteilen.

# AVOCADOAUFSTRICH MIT EI

Für 4 Personen
Zubereitungszeit: 10 Min.

3 Bio-Eier (Größe M)
2 reife Avocados
2 EL Naturjoghurt (3,5 % Fett)
1 EL Zitronensaft
1 EL mittelscharfer Senf
1 TL edelsüßes Paprikapulver
Salz, Pfeffer aus der Mühle
½ Bund Schnittlauch

Pro Portion: ca. 195 kcal | 7 g EW | 16 g F | 5 g KH

**1** Die Eier etwa 9 Minuten hart kochen. Kalt abschrecken, pellen und beiseitelegen.

**2** Die Avocados halbieren, den Kern entfernen und das Fruchtfleisch mit einem Löffel aus der Schale lösen. In Stücke schneiden und in einer Schüssel mit einer Gabel zerdrücken. Joghurt, Zitronensaft und Senf dazugeben, mit Paprikapulver, Salz und Pfeffer würzen und verrühren.

**3** Die hart gekochten Eier in Würfel schneiden und unter die Avocadomasse mischen. Den Schnittlauch waschen, trocken schütteln und in feine Röllchen schneiden. Den Aufstrich damit garnieren. Der Aufstrich schmeckt besonders gut auf Vollkornbrot, herzhaftem Bauernbrot oder geröstetem Baguette.

## GUT ZU WISSEN

Wussten Sie, dass die Avocado rein botanisch ein Obst und kein Gemüse ist? Beliebt ist sie vor allem wegen ihrer cremig-buttrigen Konsistenz, weshalb man sie auch Butterbirne nennt. Avocados punkten vor allem mit gesunden Fetten, sie enthalten sowohl einfach als auch mehrfach ungesättigte Fettsäuren. Zudem liefern sie Phytonährstoffe und bioaktive Substanzen, die Vitamine B, D, E und K sowie den Mineralstoff Kalium. Nicht zu vergessen: Avocados versorgen uns auch mit reichlich Ballaststoffen, die uns lange satt machen und die Verdauung ankurbeln.

# BOHNENAUFSTRICH MIT TOFU

1 Den geräucherten Tofu mit den Händen in feine Stücke zerbröseln. Die Kidneybohnen in einem Sieb abbrausen und abtropfen lassen. Die Zwiebel und den Knoblauch schälen und in feine Würfel schneiden.

2 Das Öl in einer Pfanne erhitzen, Zwiebel und Knoblauch darin andünsten. Tofu, Bohnen und Majoran dazugeben und unterrühren, alles vom Herd nehmen und abkühlen lassen.

3 Die Bohnenmischung in einen hohen Rührbecher geben und mit dem Stabmixer fein pürieren. Mit buntem Pfeffer abschmecken.

## GUT ZU WISSEN

Sieht aus wie Leberwurst, ist aber „grün"! Dieser Aufstrich aus Tofu und Bohnen bietet einen herzhaft-leckeren Fleischersatz, der in Sachen Proteine nichts zu wünschen übrig lässt. Im Gegenteil: Pflanzliches Eiweiß ist deutlich gesünder als tierisches, weil es anders als rotes Fleisch in der Regel keine ungesunden Fette und entzündlichen Inhaltsstoffe mit im Gepäck hat. Tofu besteht aus Sojabohnen und ist damit ein Produkt aus Hülsenfrüchten, die uns hochwertiges Pflanzenprotein liefern. Dabei sticht Soja mit einer sehr guten Eiweißqualität hervor – und wenn man den Aufstrich dann noch mit Brot (also Getreide) kombiniert, ist er „so wertvoll wie ein kleines Steak".

Für 8 Personen
Zubereitungszeit: 15 Min.

200 g geräucherter Tofu
200 g Kidneybohnen (aus der Dose)
1 Zwiebel
1 Knoblauchzehe
2 EL Olivenöl
2 EL getrockneter Majoran
1 TL geräuchertes Paprikapulver
bunter Pfeffer

Pro Portion: ca. 75 kcal | 6 g EW | 3 g F | 5 g KH

# HAFERVOLLKORNBROT MIT KERNEN

Für 1 Kastenform
(ca. 25 cm; 15 Scheiben)
Zubereitungszeit: 10 Min.
Backzeit: 50 Min.

200 g zarte Haferflocken
100 g Sonnenblumenkerne
100 g Kürbiskerne
100 g geschroteter Leinsamen
100 g gemahlene Mandeln
50 g helle Sesamsamen
1 geh. TL Salz

Pro Scheibe: ca. 215 kcal | 10 g EW | 13 g F | 12 g KH

1 Den Backofen auf 200 °C vorheizen. Die Kastenform mit Backpapier auslegen. Haferflocken, Sonnenblumen- und Kürbiskerne, Leinsamen, Mandeln und Sesamsamen in eine große Rührschüssel geben und gut mischen. Anschließend 600 ml lauwarmes Wasser und das Salz hinzufügen und alles gründlich durchkneten.

2 Die Masse gleichmäßig in die Form geben, glatt streichen und fest andrücken. Das Brot im vorgeheizten Ofen auf der mittleren Schiene etwa 50 Minuten backen. Herausnehmen und auf einem Kuchengitter vollständig auskühlen lassen, bevor es geschnitten wird.

3 Übrigens: Das Brot lässt sich gut einfrieren, dafür auskühlen lassen und in Scheiben schneiden. Es hält sich länger im Tiefkühlfach, wenn es luftdicht verschlossen ist. Möglichst langsam auftauen lassen und nach Belieben kurz im Ofen aufbacken. Dann schmeckt es wie frisch gebacken.

## GUT ZU WISSEN

Brotbacken ist nicht schwer – und was schmeckt besser als ein knuspriges Brot frisch aus dem Ofen? Dieses Nuss- und Saatenbrot versorgt uns mit besonders vielen wertvollen Nährstoffen wie hochwertigem Pflanzeneiweiß, Mineral- und Ballaststoffen sowie ungesättigten Fettsäuren. Dank der kernigen Zutaten bleiben wir länger satt als mit Broten aus hellen Auszugsmehlen.

# BUNTES RÜHREI MIT PAPRIKA

Für 4 Personen
Zubereitungszeit: 15 Min.

8 Bio-Eier (Größe M)
200 ml Milch (1,5 % Fett)
Salz, Pfeffer aus der Mühle
1 rote Zwiebel
½ gelbe Paprikaschote
½ rote Paprikaschote
½ grüne Paprikaschote
4 getrocknete Tomaten
(in Öl eingelegt)
3 EL Rapsöl

Pro Portion: ca. 260 kcal |
15 g EW | 18 g F | 7 g KH

1 Die Eier in einer Schüssel mit einer Gabel aufschlagen und mit der Milch verquirlen. Leicht mit Salz und Pfeffer würzen.

2 Die Zwiebel schälen und fein würfeln. Die Paprikaschoten putzen, entkernen, waschen und in feine Streifen schneiden. Getrocknete Tomaten abtropfen lassen und klein schneiden.

3 Das Öl in einer großen Pfanne erhitzen und das Gemüse darin kurz andünsten. Die Eiermasse darübergießen und unter Rühren etwa 5 Minuten garen. Sobald die Eiermasse am Pfannenboden zu stocken beginnt, die Hitze reduzieren und das Rührei mit einem Holzlöffel immer wieder vom Rand zur Mitte hin zusammenschieben, damit es nicht anbrennt.

4 Das Rührei mit Salz und Pfeffer würzen und nach Belieben mit einer Scheibe Vollkornbrot servieren. Es schmeckt nicht nur zum Frühstück, sondern ist auch perfekt als kleines Gericht zwischendurch oder leichtes Abendessen.

## GUT ZU WISSEN

Längst vorbei sind die Zeiten, als Eier ein schlechtes Image hatten. Auf sein Frühstücksei muss also niemand verzichten. Im Gegenteil, Eier sind sehr gesund, weil rund 9 g hochwertiges Eiweiß in ihnen stecken. Zudem liefern sie wichtige Nährstoffe wie B-Vitamine sowie die Mineralstoffe Kalzium, Zink und Eisen.

# KRABBENRÜHREI MIT SPINAT

1 Die Eier in einer Schüssel mit einer Gabel aufschlagen und mit der Milch verquirlen. Leicht mit Salz und Pfeffer würzen.

2 Die Schalotten schälen und fein würfeln. Das Öl in einer großen Pfanne erhitzen und die Schalotten darin kurz andünsten. Die Eiermasse darübergießen und unter Rühren etwa 5 Minuten garen.

3 Inzwischen den Baby-Spinat verlesen, waschen und trocken tupfen. Mit den Krabben in die Pfanne geben. Sobald die Eiermasse am Pfannenboden zu stocken beginnt, die Hitze reduzieren und das Rührei mit einem Holzlöffel immer wieder vom Rand zur Mitte hin zusammenschieben, damit es nicht anbrennt.

4 Das Rührei mit Salz und Pfeffer würzen und auf Tellern anrichten. Das Krabbenrührei schmeckt besonders gut auf Schwarzbrot.

## KÜCHENTIPP

Wer nicht gern Spinat isst, kann ihn auch weglassen und stattdessen zuletzt eine ordentliche Portion Schnittlauchröllchen über das Rührei streuen. Was den gesundheitlichen Wert betrifft, ist Spinat allerdings die bessere Wahl: Er wirkt nicht nur entzündungshemmend und kann Krebs vorbeugen. Spinat enthält auch Ecdysteron, das wie ein natürliches Dopingmittel Kraft und Muskelwachstum steigern kann.

Für 4 Personen
Zubereitungszeit: 15 Min.

8 Bio-Eier (Größe M)
200 ml Milch (1,5 % Fett)
Salz, Pfeffer aus der Mühle
2 Schalotten
3 EL Rapsöl
2 Handvoll Baby-Spinat
120 g geschälte Nordseekrabben (aus dem Kühlregal)

Pro Portion: ca. 270 kcal | 20 g EW | 19 g F | 5 g KH

# HAUPTSACHE VEGGIE

Mit vegetarischen Gerichten gehen Sie gesundheitlich ganz klar in Führung: Die darin enthaltenen wertvollen Nähr- und Vitalstoffe machen nicht nur fit – sie senken auch das Risiko für Übergewicht, Verdauungsprobleme, Herzkrankheiten und Diabetes. Sie haben Gemüsemuffel in der Familie? Die werden Sie mit den folgenden Rezepten schnell in große Veggie-Fans verwandeln.

# MEDITERRANER NUDELSALAT MIT RUCOLA

Für 4 Personen
Zubereitungszeit: 20 Min.

300 g Vollkornnudeln
(z. B. Spirelli oder Penne)
Salz
250 g Cocktailtomaten
10 getrocknete Tomaten
(in Öl eingelegt)
250 g Mini-Mozzarellakugeln
100 g schwarze Oliven (ohne Stein)
100 g Rucola
2 Schalotten
1 Knoblauchzehe
4 EL Aceto balsamico
4 EL Olivenöl
Pfeffer aus der Mühle
4 EL Pinienkerne
1 EL Fenchelsamen

Pro Portion: ca. 665 kcal |
26 g EW | 35 g F | 55 g KH

**1** Die Nudeln in reichlich kochendem Salzwasser nach Packungsanweisung bissfest garen. In ein Sieb abgießen, kurz abtropfen lassen und zum Abkühlen in eine Salatschüssel geben.

**2** Inzwischen die Cocktailtomaten waschen und je nach Größe halbieren oder vierteln. Getrocknete Tomaten abtropfen lassen und in feine Streifen schneiden. Den Mini-Mozzarella und die Oliven halbieren. Den Rucola verlesen, waschen, trocken schleudern und grob zerkleinern, dabei grobe Stiele entfernen. Die Schalotten schälen und in feine Würfel schneiden. Den Knoblauch schälen und durch die Knoblauchpresse drücken. Beide Tomatensorten, Mozzarella, Oliven und Rucola zu den Nudeln geben und alles gut mischen.

**3** Für das Dressing Essig und Öl gründlich verrühren. Mit Schalotten und Knoblauch mischen, mit Salz und Pfeffer würzen. Das Dressing über die Zutaten geben, gründlich unterrühren und den Salat etwa 10 Minuten ziehen lassen.

**4** Währenddessen Pinienkerne und Fenchelsamen in einer Pfanne ohne Fett anrösten, dann herausnehmen und kurz abkühlen lassen. Zum Servieren beides über den Salat streuen.

# SPORTLER-BURRITO MIT SÜSSKARTOFFELN

Für 4 Personen
Zubereitungszeit: 35 Min.

75 g Naturreis
Salz
2 Süßkartoffeln
4 EL Olivenöl
1 TL edelsüßes Paprikapulver
1 TL gemahlener Kreuzkümmel
400 g schwarze Bohnen (aus der Dose)
125 g Cocktailtomaten
1 reife Avocado
1 rote Zwiebel
1 Handvoll gehackter Koriander
Saft von ½ Zitrone
Pfeffer aus der Mühle
4 Vollkorntortillas

Pro Portion: ca. 555 kcal | 13 g EW | 21 g F | 74 g KH

**1** Den Backofen auf 200 °C vorheizen. Den Reis nach Packungsanweisung in Salzwasser garen.

**2** Die Süßkartoffeln schälen, waschen und in kleine Würfel schneiden. Süßkartoffeln mit 2 EL Öl, 1 Prise Salz und den Gewürzen in eine Auflaufform geben und gut miteinander mischen. Dann im vorgeheizten Ofen auf der mittleren Schiene etwa 15 Minuten garen.

**3** Inzwischen die Bohnen in einem Sieb abbrausen und abtropfen lassen. Die Tomaten waschen und je nach Größe halbieren oder vierteln. Die Avocado halbieren und den Kern entfernen, das Fruchtfleisch auslösen und mit einer Gabel zerdrücken. Die Zwiebel schälen, halbieren und in feine Scheiben schneiden.

**4** Das restliche Öl in einer großen Pfanne erhitzen und die Zwiebel darin bei mittlerer Hitze 5 Minuten dünsten, bis sie weich ist. Die gebackenen Süßkartoffeln und die schwarzen Bohnen hinzufügen und 5 bis 10 Minuten mitdünsten.

**5** Währenddessen den Reis abgießen und zusammen mit der Hälfte des Korianders und dem Zitronensaft unter den Süßkartoffel-Bohnen-Mix mischen. Kräftig mit Salz und Pfeffer würzen.

**6** Kurz vor dem Servieren die Tortillas 2 bis 3 Minuten bei 180 °C im Ofen erwärmen. Gleichmäßig mit der Reis-Bohnen-Mischung belegen, mit Avocado, Tomaten und übrigem Koriander toppen und kompakt aufrollen. Zum Servieren die Wraps nach Belieben schräg halbieren.

# COUSCOUSSALAT
# MIT PAPRIKA UND MAIS

Für 4 Personen
Zubereitungszeit: 20 Min.

350 g Couscous
7 EL Rapsöl
200 g Tomatenmark
3 EL Zitronensaft
1 rote Paprikaschote
1 gelbe Paprikaschote
1 reife Avocado
1 Bund Petersilie
150 g Feta (Schafskäse)
140 g Mais (aus der Dose)
Salz, Pfeffer aus der Mühle

Pro Portion: ca. 710 kcal | 20 g EW | 35 g F | 72 g KH

1 Couscous mit 350 ml heißem Wasser übergießen und etwa 5 Minuten quellen lassen. Öl, Tomatenmark und Zitronensaft zum Couscous geben und alles gut verrühren.

2 Paprikaschoten längs halbieren, entkernen, waschen und in kleine Würfel schneiden. Die Avocado halbieren, den Kern entfernen und das Fruchtfleisch mit einem Löffel aus der Schale lösen. Die Avocadohälften in Würfel schneiden. Petersilie waschen, trocken schütteln und die Blätter fein hacken. Den Feta in Würfel schneiden. Den Mais in einem Sieb abtropfen lassen.

3 Die Paprika- und Fetawürfel mit dem Mais und der Petersilie unter den Couscous heben, den Salat mit Salz und Pfeffer würzen. Zuletzt die Avocadowürfel vorsichtig untermischen. Auf Tellern anrichten, nach Belieben mit Petersilie garnieren.

## GUT ZU WISSEN

Couscous ist bereits vorgegart, deshalb muss man ihn nur mit heißem Wasser übergießen und kurz quellen lassen – superpraktisch, wenn es mal schnell gehen soll. Ein weiteres Plus: Der grobe Weizengrieß enthält mehr Ballaststoffe als Naturreis oder helle Nudeln (nicht Vollkorn-Pasta!). Es gibt Couscous auch aus Dinkel oder sogar aus Kichererbsen: perfekt für alle, die sich mehr Pflanzeneiweiß auf dem Teller wünschen. Für unsere Gesundheit sollten wir mindestens die Hälfte des Eiweißbedarfs mit grünen Proteinen decken.

# TOMATEN-KOKOS-TOPF MIT CURRY

Für 4 Personen
Zubereitungszeit: 10 Min.
Garzeit: 25 Min.

1 kg festkochende Kartoffeln
500 g Möhren
1 große Gemüsezwiebel
3 EL Rapsöl
400 g Kokosmilch
800 g stückige Tomaten (aus der Dose)
1 ½ EL Currypulver
1 TL Instant-Gemüsebrühe
½ TL Zucker
Salz, Pfeffer aus der Mühle
1 Bund Petersilie

Pro Portion: ca. 550 kcal | 10 g EW | 31 g F | 54 g KH

**1** Die Kartoffeln und Möhren schälen und in kleine Würfel schneiden. Die Zwiebel schälen und fein würfeln. Das Öl in einem großen Topf erhitzen und die Zwiebel darin bei mittlerer Hitze glasig dünsten. Die Kartoffel- und Möhrenwürfel dazugeben und kurz mitdünsten. Alles mit der Kokosmilch und den Tomaten ablöschen.

**2** Den Tomaten-Kokos-Topf mit Curry, Gemüsebrühe, Zucker, Salz und Pfeffer abschmecken und mit schräg aufgelegtem Deckel etwa 25 Minuten sanft köcheln lassen, dabei ab und zu umrühren.

**3** Die Petersilie waschen, trocken schütteln und die Blätter fein hacken. Zum Servieren den Tomaten-Kokos-Topf mit der Petersilie bestreuen.

## GUT ZU WISSEN

Gute Nachricht für alle Sportler: Laut einer japanischen Studie helfen Tomaten, den altersbedingten Rückgang der Skelettmuskulatur zu bremsen. Dahinter steckt der sekundäre Pflanzenstoff Lykopin, der auch für die knallrote Farbe der Tomaten verantwortlich ist. Er wirkt antioxidativ und entzündungshemmend und fördert hilfreiche Bakterien im Darm. Übrigens: Noch besser verfügbar für den Körper wird Lykopin durch Erhitzen, deshalb sind Dosentomaten und Tomatenmark unbedingt zu empfehlen.

# SPINATPFANNKUCHEN MIT TOMATEN UND MOZZARELLA

Für 4 Personen
Zubereitungszeit: 20 Min.
Ruhezeit: 30 Min.

125 g Baby-Spinat
450 ml Milch (3,5 % Fett)
220 g Dinkelmehl (Type 630)
4 Bio-Eier (Größe M)
Salz
frisch geriebene Muskatnuss
250 g Mozzarella
6 Stiele Basilikum
300 g Datteltomaten
1 Knoblauchzehe
50 g Pinienkerne
5 EL Rapsöl
1 EL Tomatenmark
½ TL Instant-Gemüsebrühe
½ TL getrockneter Oregano
½ TL getrockneter Thymian
Zucker
Pfeffer aus der Mühle

Pro Portion: ca. 715 kcal | 33 g EW | 42 g F | 49 g KH

**1** Spinat verlesen, waschen und trocken tupfen. Zusammen mit 200 ml Milch in einem hohen Rührbecher mit dem Stabmixer oder in einer Küchenmaschine pürieren. Das Mehl mit der übrigen Milch, den Eiern und dem Spinat zu einem glatten Teig verarbeiten. Die Masse mit Salz und Muskatnuss würzen. Den Teig bei Zimmertemperatur etwa 30 Minuten quellen lassen.

**2** Den Mozzarella in Würfel schneiden. Basilikum waschen, trocken tupfen, die Blätter abzupfen und grob zerkleinern. Die Tomaten waschen und halbieren. Den Knoblauch schälen und fein würfeln. Die Pinienkerne in einer Pfanne ohne Fett unter Rühren hellbraun anrösten und beiseitestellen.

**3** In einer Pfanne 1 EL Öl erhitzen, den Knoblauch darin kurz andünsten. Tomaten, Tomatenmark, Gemüsebrühe, Oregano und Thymian dazugeben. Mit 1 Prise Zucker, Salz sowie Pfeffer würzen und etwa 2 Minuten garen. Anschließend warm halten. Den Backofen auf 60 °C vorheizen.

**4** Aus dem Teig nacheinander mit je 1 EL Öl vier Pfannkuchen backen. Dafür das Öl erhitzen und jeweils ein Viertel des Teigs in die Pfanne geben und 5 Minuten backen. Den Pfannkuchen wenden und bei mittlerer Hitze weitere 3 Minuten backen. Die fertigen Pfannkuchen im vorgeheizten Ofen warm halten. Die Pfannkuchen mit den angebratenen Tomaten, dem Mozzarella, dem Basilikum und den Pinienkernen belegen, zusammenklappen und sofort servieren.

# CHILI SIN CARNE MIT KORIANDER

Für 4 Personen
Zubereitungszeit: 20 Min.

2 rote Zwiebeln
1 rote Chilischote
400 g Kidneybohnen (aus der Dose)
400 g schwarze Bohnen (aus der Dose)
3 EL Olivenöl
2 TL gemahlener Kreuzkümmel
2 TL edelsüßes Paprikapulver
100 ml Gemüsebrühe
800 g stückige Tomaten (aus der Dose)
1 TL stark entöltes Kakaopulver
Salz, Pfeffer aus der Mühle
½ Bund Koriander
4 EL Naturjoghurt (3,5 % Fett)

Pro Portion: ca. 335 kcal | 20 g EW | 6 g F | 42 g KH

1 Zwiebeln schälen und in feine Würfel schneiden. Die Chilischote längs halbieren, entkernen, waschen und fein hacken. Beide Bohnensorten in einem Sieb abbrausen und abtropfen lassen.

2 Das Öl in einem Topf erhitzen, Zwiebeln und Chili darin mit Kreuzkümmel und Paprikapulver andünsten. Die Gemüsebrühe und Tomaten dazugeben. Anschließend beide Bohnensorten und den Kakao hinzufügen, unterrühren und alles zugedeckt bei mittlerer Hitze etwa 10 Minuten köcheln lassen, dabei ab und zu umrühren. Das Chili zuletzt kräftig mit Salz und Pfeffer würzen.

3 Zum Servieren den Koriander waschen, trocken tupfen und die Blätter abzupfen. Das Chili auf Teller verteilen, mit Koriander bestreuen und mit jeweils 1 EL Joghurt garnieren.

## KÜCHENTIPP

Das vegetarische Bohnen-Chili lässt sich gut vorbereiten und schmeckt sogar noch besser, wenn es einen Tag durchziehen konnte. Dazu passt Naturreis oder Quinoa. Wer sich vegan ernährt, nimmt am besten vegane Gemüsebrühe und eine Joghurtalternative auf Kokos- oder Sojabasis.

# OFENKÜRBIS
## MIT LINSEN UND FETA

Für 4 Personen
Zubereitungszeit: 35 Min.

200 g Pardina-Linsen
800 g Hokkaidokürbis
4 EL Olivenöl
1 TL Zimtpulver
1 rote Paprikaschote
1 gelbe Paprikaschote
½ Bund Thymian
200 g Feta (Schafskäse)
2 Schalotten
1 Bio-Zitrone
2 EL Tahin (Sesampaste)
Salz, Pfeffer aus der Mühle

Pro Portion: ca. 525 kcal | 24 g EW | 28 g F | 35 g KH

**1** Den Backofen auf 200 °C vorheizen. Ein Backblech mit Backpapier belegen. Linsen in einem Topf mit der dreifachen Menge Wasser bei schwacher Hitze etwa 20 Minuten bissfest garen. In ein Sieb abgießen und abtropfen lassen.

**2** Währenddessen den Kürbis putzen, waschen und entkernen. Das Kürbisfleisch in etwa 2 cm große Würfel schneiden und mit 2 EL Öl und dem Zimt in einer Schüssel vermengen. Danach auf dem Blech verteilen und im vorgeheizten Ofen auf der mittleren Schiene etwa 15 Minuten garen. Herausnehmen und abkühlen lassen.

**3** Inzwischen die Paprika längs halbieren, entkernen und waschen. Die Paprikahälften in etwa 1½ cm große Stücke schneiden. Den Thymian waschen, trocken tupfen und die Blätter abzupfen. Den Feta in Würfel schneiden.

**4** Für das Dressing die Schalotten schälen und fein würfeln. Die Zitrone heiß waschen, abtrocknen und die Schale fein abreiben. Die Zitrone auspressen. Schalotten, Zitronensaft und -schale sowie das restliche Öl und Tahin mischen und alles mit Salz und Pfeffer würzen.

**5** Zum Servieren Paprika, Thymian und Feta mit dem Dressing mischen. Die Linsen und den abgekühlten Kürbis dazugeben und untermischen. Den Salat nochmals abschmecken und auf tiefe Teller verteilen.

# LINSEN-MANGOLD-EINTOPF MIT KARTOFFELN

Für 4 Personen
Zubereitungszeit: 1 Std.

125 g getrocknete grüne Linsen (alternativ Tellerlinsen oder Berglinsen)
Salz
150 g Kartoffeln
1 Zwiebel
2 Knoblauchzehen
½ Stange Lauch
1 Möhre
300 g bunter Mangold
2 EL Rapsöl
½ Bio-Zitrone
Pfeffer aus der Mühle
1½ TL gemahlener Koriander
1½ TL gehackter Thymian

Pro Portion: ca. 195 kcal | 10 g EW | 6 g F | 21 g KH

**1** Die Linsen in ein Sieb geben, kalt abbrausen und abtropfen lassen. In 650 ml leicht gesalzenem kochendem Wasser 30 bis 35 Minuten garen. Inzwischen die Kartoffeln schälen und in Würfel schneiden. Nach 20 Minuten Kochzeit die Kartoffelwürfel zu den Linsen geben und mitgaren.

**2** Währenddessen Zwiebel und Knoblauch schälen und fein würfeln. Den Lauch putzen und der Länge nach halbieren. Die Hälften waschen und quer in Halbringe schneiden. Die Möhre ebenfalls putzen, schälen und in Scheiben schneiden. Den Mangold in einzelne Blätter teilen und waschen. Die Enden abschneiden und den Mangold in mundgerechte Stücke schneiden.

**3** Das Öl in einer Pfanne erhitzen, die Zwiebelwürfel, den Lauch, die Möhre und den Knoblauch darin unter Rühren 2 Minuten scharf anbraten. Den Mangold dazugeben und bei mittlerer Hitze noch etwa 5 Minuten garen. Den Gemüse-Mix zur Linsen-Kartoffel-Mischung geben und gut unterrühren. Falls nötig, noch etwas Wasser hinzufügen (ca. 150–200 ml), je nachdem, wie flüssig oder sämig man den Eintopf gerne hätte.

**4** Die Zitrone waschen, trocken reiben, die Schale fein abreiben und den Saft auspressen. Den Eintopf mit Salz, Pfeffer, Koriander, Thymian sowie Zitronenschale und -saft abschmecken. 5 Minuten ziehen lassen. Auf tiefen Tellern anrichten.

# GEMÜSEBRATLINGE MIT SOUR CREAM

Für 4 Personen
Zubereitungszeit: 35 Min.

**Für die Bratlinge:**
500 g Süßkartoffeln
2 Möhren, 1 Zucchini
1 Zwiebel, 3 EL Olivenöl
1 Knoblauchzehe
6 Stiele Schnittlauch
2 Bio-Eier (Größe M)
6 EL Dinkelmehl (Type 1050)
50 g zarte Haferflocken
1 EL edelsüßes Paprikapulver
1 TL gemahlener Kreuzkümmel
Salz, Pfeffer aus der Mühle

**Für die Sour Cream:**
1 Bund Schnittlauch
300 g saure Sahne
300 g Speisequark (20 % Fett i. Tr.)
4 EL Mineralwasser (mit Kohlensäure)
1 EL Zitronensaft, 1 TL Zucker
Salz, Pfeffer aus der Mühle

Pro Portion: ca. 610 kcal |
22 g EW | 30 g F | 58 g KH

1 Für die Gemüsebratlinge die Süßkartoffeln und Möhren putzen, schälen und auf einer Küchenreibe grob raspeln. Zucchini putzen, waschen und ebenfalls grob raspeln. Die Zwiebel schälen und in feine Würfel schneiden.

2 In einer Pfanne 1 EL Öl erhitzen und das vorbereitete Gemüse darin bei mittlerer Hitze etwa 5 Minuten anbraten. Den Knoblauch schälen und dazupressen. Den Gemüse-Mix in eine Schüssel geben und kurz abkühlen lassen. In der Zwischenzeit den Schnittlauch waschen, trocken tupfen und in Röllchen schneiden.

3 Die Eier, das Mehl und die Haferflocken unter die Gemüsemischung rühren, mit Paprikapulver, Kreuzkümmel, 1 TL Salz, Pfeffer und dem Schnittlauch würzen. Aus der Masse mit angefeuchteten Händen acht gleich große Bratlinge formen und diese portionsweise in der Pfanne im restlichen Öl auf jeder Seite etwa 6 Minuten braten. Herausnehmen und auf Küchenpapier abtropfen lassen.

4 Für die Sour Cream den Schnittlauch waschen, trocken tupfen und in Röllchen schneiden. Saure Sahne, Quark und Mineralwasser in einer kleinen Schüssel glatt verrühren. Schnittlauchröllchen, Zitronensaft und Zucker unterrühren und den Dip kräftig mit Salz und Pfeffer würzen.

5 Die Gemüsebratlinge auf Tellern anrichten und mit dem Sour-Cream-Dip servieren. Dazu passt ein gemischter grüner Salat.

# GNOCCHI
# MIT BASILIKUMPESTO

Für 4 Personen
Zubereitungszeit Gnocchi: 1 Std.
Zubereitungszeit Pesto: 15 Min.

**Für die Gnocchi:**
500 g vorwiegend festkochende Kartoffeln
250 g Dinkelmehl (Type 630)
50 g Hartweizengrieß
frisch geriebene Muskatnuss
1½ TL Salz

**Für das Pesto:**
30 g Basilikumblätter (1 Topf Basilikum)
30 g Parmesan
30 g Pinienkerne
60 ml Olivenöl
½ Knoblauchzehe
Salz, Pfeffer aus der Mühle
1 Msp. abgeriebene Bio-Zitronenschale

Pro Portion: ca. 550 kcal | 16 g EW | 22 g F | 68 g KH

1 Für die Gnocchi die Kartoffeln waschen und mit Schale in kochendem Wasser 25 bis 30 Minuten garen. Kartoffeln abgießen, kurz ausdampfen lassen, noch warm pellen und durch die Kartoffelpresse drücken. Die Masse mit Mehl, Grieß, 2 Prisen Muskatnuss und 1 TL Salz mischen. Mit den Händen zu einem glatten Teig verarbeiten. Wenn der Teig zu klebrig sein sollte, etwas Mehl hinzufügen. Den Teig etwa 10 Minuten ruhen lassen.

2 Den Teig vierteln und jedes Viertel zu daumendicken Rollen formen. Die Teigrollen in 1 bis 2 cm dicke Stücke schneiden und diese mit einer Gabel leicht flach drücken, sodass ein Rillenmuster entsteht. Reichlich Wasser mit ½ TL Salz in einem großen Topf zum Kochen bringen. Gnocchi darin 3 bis 5 Minuten garen, bis sie an der Oberfläche schwimmen. Dann mit einer Schaumkelle herausheben und abtropfen lassen.

3 Für das Pesto die Basilikumblätter abzupfen, waschen und trocken tupfen. Den Parmesan fein reiben. Die Pinienkerne in einer Pfanne ohne Fett leicht anrösten und etwas abkühlen lassen. Pinienkerne, Parmesan und Basilikumblätter in einen hohen Rührbecher geben und mit dem Stabmixer sämig pürieren. Nicht zu lange mixen, sonst wird das Pesto bitter. Dann das Öl unterrühren. Knoblauch schälen, fein würfeln und ebenfalls unterrühren. Das Basilikumpesto mit Salz, Pfeffer und Zitronenschale abschmecken. Gnocchi auf Teller verteilen und mit dem Pesto anrichten. Sehr gut passen zu den Gnocchi auch eine Käse-Spinat-Sauce oder ein Tomatensugo (siehe Seite 94/95).

# GORGONZOLASAUCE MIT SPINAT

Für 4 Personen
Zubereitungszeit: 20 Min.

½ rote Zwiebel
1 Knoblauchzehe
1 EL Rapsöl
500 g TK-Spinat (gehackt)
200 g Gorgonzola
200 ml Kochsahne
frisch geriebene Muskatnuss
½ TL Instant-Gemüsebrühe
Salz, Pfeffer aus der Mühle
30 g Pinienkerne

Pro Portion: ca. 360 kcal | 17 g EW | 30 g F | 4 g KH

**1** Zwiebel und Knoblauch schälen und in feine Würfel schneiden. Das Öl in einem Topf erhitzen und Zwiebel und Knoblauch darin bei mittlerer Hitze etwa 3 Minuten glasig dünsten. Den Spinat dazugeben, kurz aufkochen lassen und mit leicht geöffnetem Deckel bei mittlerer Hitze etwa 10 Minuten köcheln lassen, dabei ab und zu umrühren.

**2** Den Gorgonzola in kleine Würfel schneiden und mit der Kochsahne zum Spinat geben. Die Sauce so lange verrühren, bis der Käse geschmolzen ist. Die Sauce mit 1 Prise Muskatnuss, Gemüsebrühe, Salz und Pfeffer abschmecken.

**3** Die Pinienkerne in einer Pfanne ohne Fett hellbraun anrösten. Die Gnocchi (siehe Seite 92) mit der Gorgonzola-Spinat-Sauce mischen und mit den Pinienkernen bestreuen. Die Sauce passt auch sehr gut zu Vollkorn-Fusilli oder -Farfalle.

## GUT ZU WISSEN

Tiefkühlspinat steht frischem Spinat in Sachen Nährwerte in nichts nach, denn er wird direkt nach der Ernte blanchiert und schockgefrostet. Daher enthält Tiefkühlspinat sogar mehr Vitamine und Nährstoffe als frische Ware, die meist mehrere Tage Transport hinter sich hat. Wichtig, um die Bildung von Nitrit zu vermeiden: Spinatgerichte rasch abkühlen lassen, luftdicht aufbewahren und maximal einmal aufwärmen!

# TOMATENSUGO MIT KRÄUTERN

Für 4 Personen (2 Gläser à 435 ml)
Zubereitungszeit: 30 Min.
Garzeit: 6 Std.

2 Zwiebeln
2 Knoblauchzehen
1 kg reife Tomaten
2 Stiele Basilikum
3 Zweige Thymian
1 Zweig Rosmarin
4 EL Olivenöl
1 EL Zucker, ½ TL Salz
3 EL Tomatenmark
Pfeffer aus der Mühle
1 Prise Chiliflocken

Pro Portion: ca. 170 kcal | 3 g EW | 11 g F | 11 g KH

1 Zwiebeln und Knoblauch schälen und sehr fein würfeln. Die Tomaten waschen, halbieren und grob würfeln, dabei die Stielansätze entfernen. Kräuter waschen, trocken schütteln und die Blätter von den Stielen zupfen. Rosmarin- und Basilikumblätter grob hacken.

2 In einem Topf 3 EL Öl erhitzen, Zwiebeln und Knoblauch darin etwa 3 Minuten glasig dünsten. Zucker und Salz dazugeben und weitere 2 Minuten mitdünsten. Tomatenmark, Tomatenwürfel und Kräuter in den Topf geben und unterrühren. Den Tomatensugo mit Pfeffer und Chiliflocken würzen und mit leicht geöffnetem Deckel bei schwacher Hitze 6 Stunden köcheln lassen.

3 Den Tomatensugo zum Schluss mit 1 EL Öl und, falls nötig, noch mal mit Salz und Pfeffer abschmecken. Der Sugo passt perfekt zu Nudeln und Gnocchi. Man kann ihn auch gleich in einer größeren Menge zubereiten und einfrieren.

## GUT ZU WISSEN

Tomatensauce selbst zu machen, lohnt sich unbedingt, denn sie schmeckt viel aromatischer als jedes Fertigprodukt! Eine halbe Stunde ist man in der Küche gefordert, dann macht sich der Sugo sanft köchelnd von allein. Frische Kräuter wie Basilikum, Thymian und Rosmarin sorgen nicht nur dafür, dass der Sugo nach „bella italia" schmeckt. Mit ihren Inhaltsstoffen regen sie auch den Appetit an und helfen beim Salzsparen.

# BRATKARTOFFELN MIT SPIEGELEI UND SALAT

Für 4 Personen
Zubereitungszeit: 20 Min.

150 g grüner Salat (z. B. Eichblattsalat)
100 g Salatgurke
½ Bund Radieschen
100 g Cocktailtomaten
2 EL Olivenöl
2 EL Balsamico bianco
1 TL flüssiger Honig
2 TL mittelscharfer Senf
Salz, Pfeffer aus der Mühle
600 g gegarte festkochende Kartoffeln (vom Vortag)
2 rote Zwiebeln
3 EL Rapsöl
edelsüßes Paprikapulver
4 Bio-Eier (Größe M)

Pro Portion: ca. 330 kcal | 10 g EW | 18 g F | 29 g KH

1 Salat putzen, waschen, trocken schleudern und in Streifen schneiden. Die Gurke putzen, waschen und in feine Scheiben hobeln. Die Radieschen putzen, waschen und ebenfalls in feine Scheiben schneiden. Tomaten waschen und halbieren. Alles in eine große Schüssel geben.

2 Für das Dressing Olivenöl mit Essig, Honig und Senf in einer kleinen Schüssel verrühren. Mit Salz und Pfeffer würzen. Das Dressing unter den Salat mischen, mit Salz und Pfeffer abschmecken.

3 Die gekochten Kartoffeln in Scheiben schneiden. Die Zwiebeln schälen und in feine Würfel schneiden. 2 EL Rapsöl in einer großen Pfanne erhitzen und die Kartoffeln und Zwiebeln darin 6 bis 8 Minuten anbraten. Mit Pfeffer und Paprikapulver würzen.

4 In einer separaten Pfanne das übrige Rapsöl erhitzen, die Eier darin aufschlagen und 4 bis 5 Minuten zu Spiegeleiern braten. Die Bratkartoffeln auf Tellern anrichten, die Spiegeleier daraufsetzen und den Salat daneben anrichten.

## GUT ZU WISSEN

Zu einem echtem Superfood werden Kartoffeln, wenn man sie nach dem Kochen 12 bis 24 Stunden abkühlen lässt. Dabei baut sich die in den Knollen enthaltene Stärke so um, dass der Darm sie nicht mehr zerlegen kann. Diese sogenannte resistente Stärke wirkt wie Ballaststoffe – und davon kann man nie zu viel bekommen!

# GEMÜSE VOM BLECH MIT JOGHURTDIP

Für 4 Personen
Zubereitungszeit: 20 Min.
Garzeit: 20–25 Min.

500 g Rosenkohl
1 Blumenkohl
2 mittelgroße Süßkartoffeln
150 g Kichererbsen (aus dem Glas)
2 EL Olivenöl
1 TL gemahlener Kreuzkümmel
1 TL rosenscharfes Paprikapulver
Salz, Pfeffer aus der Mühle
1 Bund Dill
300 g Naturjoghurt (3,5 % Fett)
1 EL Zitronensaft
2 EL Radieschensprossen

Pro Portion: ca. 345 kcal | 17 g EW | 10 g F | 38 g KH

1 Den Rosenkohl putzen und die äußeren Blätter entfernen. Rosenkohl waschen. Den Blumenkohl putzen, dabei die äußeren Blätter entfernen. Den Blumenkohl in Röschen teilen, den Strunk klein schneiden. Süßkartoffeln schälen, waschen und in Streifen schneiden. Die Kichererbsen in ein Sieb abgießen, kalt abbrausen und abtropfen lassen. Den Backofen auf 180 °C vorheizen.

2 Das Gemüse mit dem Öl und den Gewürzen mischen und auf einem mit Backpapier belegten Blech verteilen. Im vorgeheizten Ofen auf der mittleren Schiene 20 bis 25 Minuten garen.

3 Inzwischen den Dill waschen, trocken schütteln und fein hacken. Mit Joghurt und Zitronensaft mischen, mit Salz und Pfeffer abschmecken. Die Sprossen in einem Sieb heiß abbrausen und gut abtropfen lassen.

4 Das Ofengemüse auf Teller verteilen und mit den Sprossen garnieren. Den Dip dazu servieren.

## GUT ZU WISSEN

Sprossen haben es in sich! Die auch Microgreens genannten Keimlinge aus den Samen von Gemüse, Getreide oder Hülsenfrüchten enthalten auf kleinstem Raum ein Maximum an Vitaminen, Mineral- und sekundären Pflanzenstoffen. Speziell Radieschensprossen liefern reichlich Senföle, die Krebserkrankungen vorbeugen können. Praktisch: Man kann die Sprossen ganz einfach auf dem Fensterbrett selbst ziehen!

# VOLLKORNNUDELN MIT AVOCADOCREME UND HANF

Für 4 Personen
Zubereitungszeit: 15 Min.

400 g Vollkornnudeln (z. B. Hörnchen)
Salz
2 Knoblauchzehen
2 Schalotten
120 g Datteltomaten
2 reife Avocados
2 Limetten
Pfeffer aus der Mühle
50 g Pecorino romana (am Stück)
2 EL Olivenöl
2 EL Hanfsamen

Pro Portion: ca. 610 kcal | 20 g EW | 25 g F | 67 g KH

1 Die Vollkornnudeln in reichlich kochendem Salzwasser nach Packungsanweisung bissfest garen.

2 Inzwischen den Knoblauch schälen und in feine Würfel schneiden. Die Schalotten schälen und ebenfalls fein würfeln. Die Tomaten waschen und halbieren. Die Avocados halbieren und den Kern entfernen, das Fruchtfleisch auslösen und mit einer Gabel fein zerdrücken. Die Limetten halbieren und auspressen. Den Saft zu dem Avocadomus geben, die Creme mit Salz und Pfeffer würzen. Den Pecorino reiben.

3 Das Öl im Topf erhitzen und Knoblauch und Schalotten darin andünsten. Den Topf von der Herdplatte nehmen und die Nudeln und Avocadocreme dazugeben. Alles mischen und die Pasta auf Tellern anrichten. Die Tomatenhälften darauf verteilen und mit Hanfsamen und Käse bestreuen.

## GUT ZU WISSEN

Pasta-Fans sollten stets die Vollkornvariante bevorzugen! Denn die besteht aus dem Mehl des ganzen Korns und enthält deshalb mehr Nährstoffe als Weißmehlnudeln. Vollkornnudeln können mit Vitaminen (B1, B2, Folsäure), Mineralstoffen, (Zink, Eisen, Magnesium) und mehrfach ungesättigten Fettsäuren punkten. Was sie besonders auszeichnet, sind ihre Ballaststoffe. Die halten den Blutzucker im Gleichgewicht und uns lange satt.

# SPAGHETTI
# MIT LINSEN-BOLOGNESE

Für 4 Personen
Zubereitungszeit: 20 Min.

250 g braune Linsen (z. B. Berglinsen)
2 rote Zwiebeln
2 Knoblauchzehen
3 Möhren
1 rote Paprikaschote
3 EL Olivenöl
800 g stückige Tomaten (aus der Dose)
Salz, Pfeffer aus der Mühle
2 EL getrockneter Oregano
400 g Vollkornspaghetti
4 Stiele Basilikum

Pro Portion: ca. 820 kcal |
38 g EW | 14 g F | 120 g KH

Scannen und dann loskochen mit Thomas und Matthias

**1** Die Linsen in ein Sieb geben, kalt abbrausen und nach Packungsanweisung in reichlich Wasser etwa 20 Minuten garen. Anschließend abgießen. Die Zwiebeln und den Knoblauch schälen und in feine Würfel schneiden. Möhren putzen, schälen und in Streifen raspeln. Die Paprika längs halbieren, entkernen, waschen und in Würfel schneiden.

**2** Das Öl in einer großen Pfanne erhitzen, Zwiebeln und Knoblauch darin 2 Minuten glasig andünsten. Möhren und Paprika dazugeben und kurz mitdünsten. Tomaten und Linsen hinzufügen und alles etwa 5 Minuten sanft köcheln lassen. Mit Salz, Pfeffer und Oregano würzen.

**3** Die Vollkornspaghetti nach Packungsanweisung bissfest garen. Das Basilikum waschen, trocken schütteln und die Blätter abzupfen. Die Spaghetti auf tiefe Tellern verteilen, die Linsen-Bolognese darauf anrichten und mit Basilikum garnieren. Übrigens: Zu den Spaghetti passt zur Abwechsung auch sehr gut das Basilikumpesto von Seite 92.

## KÜCHENTIPP

Wer mag, kann noch frisch geriebenen Parmesan über die Pasta streuen oder, wenn das Gericht vegan bleiben soll, einen selbst gemachten „Käse" aus Cashewkernen. Dafür einfach 50 g Cashewkerne, 3 EL Hefeflocken, ½ TL Knoblauchpulver, ½ TL Salz, 2 Msp. geräuchertes Paprikapulver und etwas bunten Pfeffer in der Küchenmaschine oder einer elektrischen Mühle zerkleinern.

# SCHUPFNUDELN
## MIT KRAUT UND RÄUCHERTOFU

Für 4 Personen
Zubereitungszeit: 1 Std.

**Für den Teig:**
340 g mehligkochende Kartoffeln
Salz
70–100 g Dinkelvollkornmehl
1 EL Kartoffelstärke
1 Bio-Ei (Größe M)
frisch geriebene Muskatnuss

**Für die Beilagen:**
350 g Räuchertofu
3 EL Rapsöl
geräuchertes Paprikapulver
2 mittelgroße weiße Zwiebeln
2 TL ganzer Kümmel
600 g Sauerkraut
Salz, Pfeffer aus der Mühle
1 Bund krause Petersilie

Pro Portion: ca. 390 kcal | 23 g EW | 15 g F | 34 g KH

**1** Die Kartoffeln waschen und in Salzwasser etwa 30 Minuten garen. Abgießen, ausdampfen lassen und pellen. Mit einem Kartoffelstampfer in einer Schüssel zerdrücken. Die Kartoffelmasse auskühlen lassen. Das Mehl, die Kartoffelstärke, das Ei, je 1 Prise Salz und Muskatnuss dazugeben. Alles mit einer Gabel grob mischen und dann mit den Händen zu einem glatten Teig verkneten. Falls nötig, noch etwas mehr Mehl dazugeben.

**2** Die Arbeitsfläche mit etwas Mehl bestäuben, aus dem Teig längliche, fingerdicke Rollen formen. Mit einer Teigkarte oder einem Messer 1½ cm breite Stücke abschneiden, zwischen den Handflächen ausrollen und die Enden spitz formen. In einem Topf Wasser mit 1 Prise Salz zum Kochen bringen. Die Schupfnudeln in das kochende Wasser geben und mit einer Schaumkelle herausheben, sobald sie an der Oberfläche schwimmen.

**3** Den Tofu in Würfel schneiden. Das Öl in eine Pfanne geben, die Tofuwürfel hinzufügen und mit Paprika würzen. Den Tofu bei mittlerer Hitze etwa 6 Minuten goldbraun braten. Die Zwiebeln schälen und fein würfeln. Tofu aus der Pfanne nehmen, die Zwiebeln mit dem Kümmel in die Pfanne geben und etwa 2 Minuten andünsten. Die Schupfnudeln hinzufügen und bei starker Hitze 3 bis 4 Minuten goldbraun braten. Das Sauerkraut und die Tofuwürfel unterheben, mit Pfeffer und Salz würzen und noch 3 Minuten ziehen lassen.

**4** Die Petersilie waschen, trocken schütteln und die Blätter grob hacken. Die Schupfnudeln auf Teller verteilen und mit der Petersilie bestreuen.

# LIEBLINGS-REZEPTE MAL ANDERS

Das Eiweiß, das in Fisch und Fleisch steckt, ist der wichtigste Player unter den Körper-Baustoffen. Es hält die Zellen gesund und macht schön satt. Hier finden Sie viele Klassiker wie Fischstäbchen, Backhendl, Fleischpflanzerl oder Schnitzel – aber mit einem gesunden Twist! Auch wer Pizza und Hähnchencurry liebt, kann sich auf neue Rezepte freuen. Wichtig: Beim Kauf von Fisch und Fleisch bitte möglichst auf Bio-Qualität achten!

# ROTBARSCH
## MIT SPINAT UND KARTOFFELSPALTEN

Für 4 Personen
Zubereitungszeit: 45 Min.

**Für den Fisch:**
500 g TK-Blattspinat
600 g festkochende Kartoffeln
2 EL Olivenöl
1 EL helle Sesamsamen
Salz, weißer Pfeffer aus der Mühle
Paprikapulver
400 g Rotbarschfilet (ersatzweise Kabeljaufilet)
1 Stange Lauch
2 Knoblauchzehen
frisch geriebene Muskatnuss
½ Bio-Zitrone

**Für den Dip:**
¼ Bund Petersilie
¼ Bund Schnittlauch
200 g Magerquark
Salz, Pfeffer aus der Mühle

Pro Portion: ca. 330 kcal | 32 g EW | 11 g F | 22 g KH

1 Den Spinat nach Packungsanweisung auftauen lassen. Den Backofen auf 180 °C (Umluft) vorheizen. Ein Backblech mit Backpapier belegen. Die Kartoffeln gründlich waschen. Mit Schale in Spalten schneiden, in eine Schüssel geben und mit Öl, Sesam, Salz, Pfeffer und Paprikapulver würzen. Die Kartoffelspalten auf das Blech geben und im vorgeheizten Ofen auf der mittleren Schiene 20 bis 25 Minuten garen.

2 Die Fischfilets waschen, trocken tupfen und auf Gräten überprüfen. Den Lauch putzen, waschen und in feine Ringe schneiden. Knoblauch schälen und fein würfeln. Den Fisch mit Pfeffer würzen. Den aufgetauten Spinat mit Knoblauch, 1 Prise Salz, geriebener Muskatnuss und 1 Spritzer Zitrone würzen und auf dem Fisch verteilen. Den Lauch mittig auf einem Bogen Backpapier verteilen und den Fisch mit der Spinathaube darauflegen. Zusätzlich 1 TL Wasser dazugeben. Das Backpapier fest zu einem Päckchen verschließen und auf ein zweites Backblech setzen. Das Blech unter die Kartoffeln in den Ofen schieben und den Fisch 10 bis 15 Minuten garen. Die Backzeit kann je nach Gewicht und Dicke der Filets variieren.

3 Für den Dip die Kräuter waschen, trocken schütteln, die Blätter hacken, den Schnittlauch in feine Röllchen schneiden. Den Quark in einer Schüssel mit 1 EL Wasser und den Kräutern glatt verrühren. Etwas abgeriebene Zitronenschale dazugeben, mit Salz und Pfeffer würzen. Fischfilets mit der Spinathaube und dem Lauch aus dem Backpapier nehmen und mit Kartoffeln und Dip servieren.

# LACHSNUDELN MIT ERBSEN

Für 4 Personen
Zubereitungszeit: 40 Min.

250 g Lachsfilet (ohne Haut; frisch oder TK)
400 g Bandnudeln
Salz
1 Zwiebel
1 Knoblauchzehe
2 EL Rapsöl
1½ EL Bärlauch (gefriergetrocknet)
½ TL Instant-Gemüsebrühe
Pfeffer aus der Mühle
400 g Kochsahne (15 % Fett)
250 g TK-Erbsen
1 Bund Petersilie
60 g Parmesan (am Stück)

Pro Portion: ca. 820 kcal | 39 g EW | 35 g F | 83 g KH

1 TK-Lachs bei Zimmertemperatur etwa 30 Minuten antauen lassen. Frischen Lachs waschen und trocken tupfen. Die Nudeln in reichlich kochendem Salzwasser nach Packungsanweisung bissfest garen. Zwiebel und Knoblauch schälen und fein würfeln. Das Lachsfilet in mundgerechte Stücke schneiden.

2 Das Öl in einer Pfanne erhitzen und Zwiebel und Knoblauch darin andünsten. Die Lachsstücke dazugeben und bei mittlerer Hitze etwa 5 Minuten mitgaren. Den Lachs mit Bärlauch, Gemüsebrühe, Salz und Pfeffer würzen. Kochsahne und Erbsen dazugeben und weitere 5 Minuten köcheln lassen.

3 Petersilie waschen, trocken schütteln und die Blätter fein hacken. Etwas Petersilie zum Garnieren beiseitelegen. Den Parmesan reiben oder raspeln. Die Sauce mit Parmesan und Petersilie verfeinern. Die Nudeln zur Sauce geben und gut vermischen. Lachsnudeln, falls nötig, nochmals mit Salz und Pfeffer abschmecken, mit Petersilie bestreut servieren.

## GUT ZU WISSEN

Trotz bedrohter Fischbestände sollte ab und zu auch mal Lachs auf den Teller kommen. Denn er enthält viele gesunde Omega-3-Fettsäuren, die entzündungshemmend wirken und den Muskeln beim Regenerieren helfen. Alternative pflanzliche Quellen für Omega 3 sind Lein-, Hanf-, Raps- oder Walnussöl.

# ONE POT PASTA
# MIT THUNFISCH

1 Die Zwiebel und den Knoblauch schälen und in feine Würfel schneiden. Die Paprikaschoten längs halbieren, entkernen, waschen und in Würfel schneiden. Die Gemüsebrühe erhitzen.

2 Das Öl in einem großen Topf erhitzen. Zwiebel, Knoblauch und Paprika darin kurz andünsten. Mit der heißen Brühe und den Tomaten ablöschen. Die Nudeln hinzufügen, mit Oregano und Pfeffer würzen. Alles zugedeckt bei mittlerer Hitze etwa 10 Minuten bissfest garen, dabei ab und zu umrühren.

3 Den Thunfisch abgießen und unter die Pasta mischen. Das Basilikum waschen, trocken tupfen und die Blätter abzupfen. Die Pasta auf Tellern anrichten, mit den Basilikumblättern garnieren und nach Belieben mit 50 g frisch geriebenem Parmesan bestreuen.

## GUT ZU WISSEN

Weil er so beliebt ist, gilt Thunfisch inzwischen als gefährdete Art. Beim Einkauf von Meeresfischen daher immer auf das MSC-Siegel achten! Der Marine Stewardship Council setzt sich als unabhängige internationale Organisation für die Zertifizierung von Fischereien nach Umweltverträglichkeitskriterien ein. Thunfisch hat den Vorteil, dass er auch als Dosenware noch reichlich ungesättigte Fettsäuren und Jod enthält. In Deutschland haben etwa ein Drittel der Erwachsenen und 60 Prozent der Jugendlichen Jodmangel.

Für 4 Personen
Zubereitungszeit: 25 Min.

1 Zwiebel
2 Knoblauchzehen
2 rote Paprikaschoten
400 ml Gemüsebrühe
3 EL Olivenöl
2 Dosen stückige Tomaten (à 400 g)
400 g Vollkornnudeln (z. B. Penne)
2 EL getrockneter Oregano
Pfeffer aus der Mühle
2 Dosen Thunfisch (à 140 g; im eigenen Saft)
3 Stiele Basilikum

Pro Portion: ca. 565 kcal | 33 g EW | 13 g F | 72 g KH

# ASIA-WOK
# MIT GEBRATENEM KABELJAU

Für 4 Personen
Zubereitungszeit: 35 Min.

300 g rote Paprikaschoten
300 g Möhren
2 Pak Choi (ca. 300 g)
3 Frühlingszwiebeln
½ Bund Koriander
1 Zitrone
600 g Kabeljaufilet (alternativ Schollen- oder Seelachsfilet)
Salz
3 EL Sesamöl
Meersalz
10 g Ingwer
5 EL glutenfreie Sojasauce
1 EL Erdnussmus
1 TL Ahornsirup
Pfeffer aus der Mühle

Pro Portion: ca. 305 kcal | 32 g EW | 12 g F | 13 g KH

1 Die Paprika längs halbieren, entkernen, waschen und in schmale Streifen schneiden. Die Möhren putzen, waschen, vierteln und ebenfalls in schmale Streifen schneiden. Den Pak Choi putzen, den holzigen Strunk und eventuell auch die äußeren Blätter entfernen. Pak Choi waschen, die Blätter und Stiele separat klein schneiden. Frühlingszwiebeln putzen, waschen und in feine Ringe schneiden. Den Koriander waschen, trocken tupfen und die Blätter grob hacken. Die Zitrone auspressen.

2 Die Kabeljaufilets waschen, trocken tupfen und in 2 bis 3 cm breite Stücke schneiden. Mit etwa 3 EL Zitronensaft und etwas Salz würzen.

3 Das Sesamöl in einer Pfanne erhitzen und das vorbereitete Gemüse darin – bis auf die Pak-Choi-Blätter – bei mittlerer Hitze andünsten. Mit 1 Prise Meersalz würzen und zugedeckt 2 bis 3 Minuten dünsten. Inzwischen den Ingwer schälen, reiben und mit dem restlichen Zitronensaft, Sojasauce, Erdnussmus und Ahornsirup mischen. Anschließend die Pak-Choi-Blätter zum Gemüse geben und unterrühren.

4 Den Fisch hinzufügen und etwa 6 Minuten mitdünsten. Nach etwa der Hälfte der Zeit vorsichtig wenden. Die Saucenmischung und den Koriander zum Gemüse geben, kräftig mit Salz und Pfeffer abschmecken. Den Asia-Wok nach Belieben mit Vollkornreis oder Reisnudeln als Beilage servieren.

# FISCHSTÄBCHEN MIT KARTOFFELPÜREE

Für 4 Personen
Zubereitungszeit: 30 Min.

500 g TK-Erbsen
600 g mehligkochende Kartoffeln
Salz
1 EL Butter
200 ml Milch (1,5 % Fett)
Pfeffer aus der Mühle
frisch geriebene Muskatnuss
450 g Kabeljaufilet
50 g Dinkelmehl
2 Bio-Eier (Größe M)
100 g Kokosraspel
edelsüßes Paprikapulver
50 ml Rapsöl

Pro Portion: ca. 535 kcal | 38 g EW | 19 g F | 46 g KH

1 Die Erbsen in einem kleinen Topf mit wenig Wasser 4 bis 5 Minuten dünsten oder in einer Schale in der Mikrowelle erwärmen. Die Kartoffeln schälen, waschen und vierteln. In einem Topf in leicht gesalzenem Wasser 15 bis 20 Minuten garen. Danach abgießen. Butter, Milch, Salz, Pfeffer und Muskatnuss hinzufügen und alles mit dem Kartoffelstampfer zu Püree stampfen. Die Erbsen vorsichtig unter das Püree heben.

2 Während die Kartoffeln garen, die Fischfilets waschen, trocken tupfen und in zwölf „Stäbchen" schneiden. Eventuell vorhandende Gräten entfernen. Mehl, Eier und Kokosraspel jeweils in einen tiefen Teller geben. Die Eier verquirlen, mit Salz, Pfeffer und 1 Prise Paprikapulver würzen.

3 Die Fischstäbchen auf jeder Seite zuerst im Mehl, dann im Ei und zum Schluss in den Kokosraspeln wenden. Das Öl in einer beschichteten Pfanne erhitzen und die Fischstäbchen darin bei mittlerer Hitze auf jeder Seite etwa 3 bis 4 Minuten knusprig braten. Zum Servieren die Fischstäbchen auf dem Kartoffel-Erbsen-Püree anrichten.

### GUT ZU WISSEN

Die Hülle macht's! Damit aus Fisch gesunde „Stäbchen" werden, sollte man ihn am besten selbst panieren – und zwar mit gemahlenen Mandeln oder Kokosraspeln statt Semmelbröseln. Dieser Knuspermantel punktet mit Extraeiweiß, gesunden Fetten und Ballaststoffen.

# WINTERGRÖSTL MIT ZANDER

1 Den Backofen auf 180 °C vorheizen. Die Kartoffeln schälen und waschen. Die Rote Bete waschen und je nach Größe vierteln oder achteln, dabei die holzigen Enden abschneiden. Die Schalotten schälen und halbieren. Pastinaken und Urmöhren putzen, gründlich abbürsten, waschen, halbieren und in grobe Stücke schneiden. Das Gemüse in einer Auflaufform mit 2 EL Öl, Salz, Pfeffer und Zimt mischen und im vorgeheizten Ofen auf der mittleren Schiene etwa 40 Minuten garen.

2 Währenddessen die Petersilie waschen, trocken schütteln, die Blätter grob hacken. Etwas Petersilie zum Garnieren beiseitelegen, den Rest mit den Maronen 5 Minuten vor Ende der Garzeit zum Gemüse geben.

3 Zanderfilets waschen und trocken tupfen. Das restliche Öl in einer großen Pfanne erhitzen und die Filets darin auf jeder Seite bei mitterer Hitze etwa 2 Minuten braten. Zum Servieren das Gröstl auf Teller verteilen und den Zander darauf anrichten. Mit der übrigen Petersilie garnieren.

## KÜCHENTIPP

Urmöhren sind botanisch die Vorläufer der bekannten orangefarbenen Möhren. Mit ihrer violetten Außenschicht und dem orangen Kern sorgen sie für Farbe auf dem Teller – und für Kontrast zum hellen Zander. Wer ein vegetarisches Gröstl bevorzugt, serviert statt Zander Räuchertofu oder Spiegeleier dazu.

Für 4 Personen
Zubereitungszeit: 50 Min.

500 g festkochende Kartoffeln
200 g Rote Bete
4 Schalotten
200 g Pastinaken
2 Urmöhren (ersatzweise Möhren)
4 EL Rapsöl
Salz, Pfeffer aus der Mühle
1 TL Zimtpulver
½ Bund Petersilie
200 g vorgegarte Maronen (vakuumverpackt)
4 Zanderfilets (à 200 g)

Pro Portion: ca. 480 kcal | 44 g EW | 13 g F | 44 g KH

# PUTENGESCHNETZELTES MIT PILZEN UND POLENTA

Für 4 Personen
Zubereitungszeit: 20 Min.

200 g Instant-Polenta (Maisgrieß)
Salz
50 g Parmesan (am Stück)
500 g Putenbrustfilet
500 g Champignons
2 rote Zwiebeln
3 EL Rapsöl
Pfeffer aus der Mühle
150 ml heiße Gemüsebrühe
200 g Frischkäse
½ Bund Petersilie

Pro Portion: ca. 540 kcal | 46 g EW | 33 g F | 13 g KH

1 In einem Topf 800 ml Wasser mit etwas Salz zum Kochen bringen, die Polenta mit einem Schneebesen einrühren und bei schwacher Hitze unter Rühren etwa 4 bis 5 Minuten köcheln lassen. Den Parmesan reiben und unterrühren. Den Topf vom Herd nehmen und die Polenta mit geschlossenem Deckel warm halten.

2 Das Putenfleisch waschen und trocken tupfen, quer zur Faser zuerst in dünne Scheiben, dann in Streifen schneiden. Die Champignons putzen, falls nötig, trocken abreiben und je nach Größe in Scheiben schneiden oder halbieren. Die Zwiebeln schälen und fein würfeln.

3 Das Öl in einer großen Pfanne erhitzen und das Fleisch darin scharf anbraten, mit Salz und Pfeffer würzen. Herausnehmen und warm halten. Die Zwiebeln und Champignons in die Pfanne geben und bei starker Hitze etwa 3 Minuten braten. Danach mit der Brühe ablöschen und den Frischkäse unterrühren. Bei mittlerer Hitze 2 bis 3 Minuten köcheln lassen. Das Fleisch wieder dazugeben und unterrühren.

4 Die Petersilie waschen, trocken schütteln, die Blätter abzupfen und fein hacken. Die Polenta mit dem Geschnetzelten auf tiefen Tellern anrichten und mit der Petersilie garnieren.

# DINKELPIZZA
## MIT RUCOLA UND PARMASCHINKEN

Für 4 Personen
Zubereitungszeit: 40 Min.
Ruhezeit: 3 Std.
Backzeit: 15–20 Min.

**Für den Teig:**
300 g Dinkelmehl (Type 630)
200 g Dinkelmehl (Type 1050)
4 g frische Hefe
2 EL Olivenöl
1 TL Salz

**Für die Tomatensauce:**
400 g stückige Tomaten (aus der Dose)
Salz, Pfeffer aus der Mühle
Zucker
½ TL gehacktes Basilikum
1 TL getrockneter Oregano
1 Knoblauchzehe

**Für den Belag:**
150 g Gouda (am Stück)
40 g Parmesan (am Stück)
60 g Rucola
100 g Cocktailtomaten
60 g Parmaschinken
3 EL Olivenöl

Pro Portion: ca. 800 kcal | 33 g EW | 34 g F | 87 g KH

1 Für den Teig Mehl, Hefe, Öl, 300 ml lauwarmes Wasser und Salz in eine Schüssel geben und mit den Knethaken des Rührgeräts zu einem glatten Teig verarbeiten. Den Teig dann auf einer bemehlten Arbeitsplatte mit den Händen etwa 10 Minuten gut durchkneten. Je länger und intensiver der Teig geknetet wird, desto geschmeidiger wird er. Den Teig zugedeckt etwa 3 Stunden an einem warmen Ort gehen lassen.

2 Für die Tomatensauce die Dosentomaten mit Salz, Pfeffer, 1 Prise Zucker, Basilikum und Oregano in einem hohen Rührbecher mit dem Stabmixer pürieren. Den Knoblauch schälen, fein würfeln und unter die Tomatensauce rühren.

3 Für den Belag Gouda raspeln oder reiben. Den Parmesan raspeln. Den Rucola verlesen, waschen und trocken tupfen, grobe Stiele entfernen. Cocktailtomaten waschen und halbieren.

4 Den Backofen auf 220 °C vorheizen. Den Teig auf der bemehlten Arbeitsfläche auf die Größe des Backblechs ausrollen (oder in vier Portionen teilen und jeweils rund ausrollen). Auf ein mit Backpapier belegtes Backblech legen, mit der Tomatensauce bestreichen und mit dem Gouda bestreuen.

5 Den Pizzateig im vorgeheizten Ofen auf der mittleren Schiene 15 bis 20 Minuten backen. Aus dem Ofen nehmen und kurz abkühlen lassen. Dann mit Schinken, Rucola und Cocktailtomaten belegen, den Parmesan darüberstreuen. Mit dem Olivenöl beträufeln.

# HÄHNCHENCURRY MIT BUNTEM GEMÜSE UND REIS

Für 4 Personen
Zubereitungszeit: 35 Min.

1 Zwiebel
1 Knoblauchzehe
1 Stück Ingwer (ca. 3 cm lang)
1 rote Chilischote
4 Möhren (ca. 300 g)
2 rote Paprikaschoten
1 gelbe Paprikaschote
2 Zucchini (ca. 500 g)
240 g Basmatireis
Salz
400 g Hähnchenbrustfilet
3 EL Rapsöl
Pfeffer aus der Mühle
3 EL Currypulver
2 EL helle Sesamsamen
400 ml Kokosmilch
200 ml Kochsahne (15 % Fett)
1 EL Kurkumapulver
3 EL gehackte Petersilie
1 EL Zitronensaft

Pro Portion: ca. 790 kcal |
37 g EW | 42 g F | 62 g KH

1 Zwiebel, Knoblauch und Ingwer schälen und in feine Würfel schneiden. Die Chilischote längs halbieren, entkernen, waschen und ebenfalls fein würfeln. Möhren putzen, schälen und in dünne Scheiben schneiden. Paprika längs halbieren, entkernen, waschen und in dünne Streifen schneiden. Zucchini putzen, waschen, längs halbieren und in dünne Scheiben schneiden.

2 Den Reis nach Packungsanweisung in Salzwasser garen. Inzwischen das Hähnchenbrustfilet waschen, trocken tupfen und in dünne Streifen schneiden. 1 EL Öl in einer beschichteten Pfanne erhitzen und das Fleisch darin bei starker Hitze etwa 3 Minuten anbraten. Zwiebel, Knoblauch, Ingwer und Chilischote dazugeben und bei mittlerer Hitze 2 Minuten mitbraten. Das Fleisch mit Salz, Pfeffer und 2 EL Currypulver würzen und die Pfanne beiseitestellen.

3 In einem großen Topf 2 EL Öl erhitzen und die Möhren darin bei schwacher Hitze etwa 5 Minuten andünsten. Paprika, Zucchini und Sesam dazugeben und kurz anbraten. Danach das Gemüse mit Kokosmilch und Kochsahne ablöschen. Alles mit Salz, Pfeffer, 1 EL Currypulver und Kurkuma abschmecken und bei mittlerer Hitze etwa 8 Minuten köcheln lassen.

4 Zum Schluss das Fleisch zum Gemüse geben und unterrühren, das Curry mit der Petersilie und dem Zitronensaft verfeinern. Den Reis abgießen und mit dem Hähnchen-Gemüse-Curry servieren.

# BACKHENDL
## MIT POMMES UND KRAUTSALAT

Für 4 Personen
Zubereitungszeit: 20 Min.
Backzeit: 45 Min.

4 Hähnchenkeulen
2 EL Rapsöl
3 TL edelsüßes Paprikapulver
Salz, Pfeffer aus der Mühle
600 g große Kartoffeln
3 EL Olivenöl
400 g Weißkohl
4 bunte Möhren (lila, gelb, orange)
2 Frühlingszwiebeln
3 EL Zitronensaft
2 EL Naturjoghurt (3,5 % Fett)

Pro Portion: ca. 635 kcal |
43 g EW | 37 g F | 30 g KH

**1** Den Backofen auf 180 °C (Umluft) vorheizen. Ein Backblech mit Backpapier belegen. Die Hähnchenkeulen kalt abbrausen und trocken tupfen.

**2** Das Rapsöl mit 2 TL Paprikapulver, Salz und Pfeffer verrühren und die Hähnchenkeulen damit rundum bestreichen. In einer Auflaufform im vorgeheizten Ofen auf der mittleren Schiene etwa 45 Minuten garen. Dabei in den letzten 5 Minuten der Garzeit die Backofentemperatur auf 200 °C erhöhen, damit die Keulen knusprig werden.

**3** In der Zwischenzeit die Kartoffeln unter fließendem Wasser gründlich abbürsten, mit Schale in Stifte schneiden und in eine große Schüssel geben. 2 EL Olivenöl hinzufügen, alles mit dem übrigen Paprikapulver und Salz würzen. Ein Backblech mit Backpapier belegen und die Pommes darauf verteilen. In den letzten 15 bis 20 Minuten der Garzeit des Hendls im Ofen mitgaren.

**4** Währenddessen die äußeren Blätter vom Weißkohl entfernen, den Kohl vierteln und den harten Strunk herausschneiden. Den Kohl in sehr feine Streifen schneiden oder hobeln. Möhren putzen, schälen und durch einen Spiralschneider drehen. Frühlingszwiebeln putzen, waschen und in feine Ringe schneiden. Alles in eine Schüssel geben. Für das Dressing Zitronensaft, Joghurt und das restliche Olivenöl (1 EL) verrühren, über den Salat geben und unterheben. Die Hähnchenkeulen mit den Pommes und dem Krautsalat auf Tellern anrichten und servieren.

# STÜRMER-SCHNITZEL
## MIT KARTOFFEL-GURKEN-SALAT

Für 4 Personen
Zubereitungszeit: 30 Min.

**Für den Salat:**
400 g kleine Kartoffeln (z. B. Drillinge)
1 Salatgurke
3 Frühlingszwiebeln
2 EL Weißweinessig
2 EL Olivenöl
2 EL Naturjoghurt (3,5 % Fett)

**Für die Schnitzel:**
50 g Dinkelvollkornmehl
75 g Vollkornsemmelbrösel
2 Bio-Eier (Größe M)
4 Hähnchenschnitzel (à ca. 125 g)
Salz, Pfeffer aus der Mühle
3 EL Butterschmalz

**Für den Dip:**
½ Bund Dill
4 EL Naturjoghurt (3,5 % Fett)
4 EL süßer Senf, 1 Bio-Zitrone

Pro Portion: ca. 445 kcal |
39 g EW | 18 g F | 29 g KH

Scannen und dann loskochen mit Thomas und Matthias

1 Für den Salat die Kartoffeln waschen und in leicht gesalzenem Wasser 15 bis 20 Minuten kochen. Abgießen, erkalten lassen, pellen und vierteln. Salatgurke putzen, halbieren und schälen. Die Kerne mit einem Löffel entfernen, die Hälften quer in Scheiben schneiden. Frühlingszwiebeln putzen, waschen und in feine Ringe schneiden.

2 Kartoffeln, Gurke und Frühlingszwiebeln in eine Schüssel geben. Essig, Öl, und Joghurt mit 1 EL Wasser verrühren und zum Kartoffelsalat geben. Vorsichtig unterrühren.

3 Für die Schnitzel das Mehl und die Semmelbrösel jeweils auf einem Teller verteilen. Die Eier in einem tiefen Teller verquirlen. Die Schnitzel flach klopfen. Das Fleisch leicht mit Salz und Pfeffer würzen. Zuerst im Mehl wenden, dann durch die Eiermasse ziehen und anschließend in den Semmelbröseln wenden.

4 Das Butterschmalz in einer Pfanne erhitzen und die Schnitzel darin auf jeder Seite etwa 3 Minuten goldgelb braten.

5 Für den Dip den Dill waschen, trocken schütteln, fein hacken und mit Joghurt und Senf vermischen. Zitrone waschen, trocken reiben und die Schale abreiben. Zum Joghurt geben und unterrühren. Die Zitrone vierteln.

6 Die Schnitzel mit Kartoffel-Gurken-Salat auf Tellern anrichten. Mit Senf-Dip und Zitronenvierteln servieren.

# FLEISCHPFLANZERL
## MIT KARTOFFELN UND KOHLRABISALAT

Für 4 Personen
Zubereitungszeit: 25 Min.

500 g kleine Kartoffeln (z. B. Drillinge)
Salz
2 Kohlrabi
2 EL Zitronensaft
2 EL Olivenöl
Pfeffer aus der Mühle
2 Zwiebeln
1 Knoblauchzehe
1 kleine Möhre
400 g mageres Rinderhackfleisch
150 g Magerquark
2 Bio-Eier (Größe M)
4 EL zarte Haferflocken
1 EL mittelscharfer Senf
1 TL geräuchertes Paprikapulver
3 EL Rapsöl
1 Bund glatte Petersilie

Pro Portion: ca. 530 kcal |
34 g EW | 40 g F | 28 g KH

**1** Die Kartoffeln mit Schale gründlich waschen und in leicht gesalzenem Wasser 15 bis 20 Minuten kochen. Währenddessen den Kohlrabi schälen und in dünne Scheiben hobeln. In eine Schüssel geben, Zitronensaft und Öl hinzufügen. Mit Pfeffer und Salz abschmecken und kurz ziehen lassen.

**2** Zwiebeln und Knoblauch schälen und fein würfeln. Die Möhre putzen, schälen und fein reiben. Das Hackfleisch mit Zwiebeln, Knoblauch und Möhrenraspeln in eine Schüssel geben. Quark, Eier, Haferflocken und Senf dazugeben. Mit Salz, Pfeffer und Paprikapulver würzen und alles gründlich vermischen. Aus der Hackmasse mit angefeuchteten Händen acht gleich große Pflanzerl formen. Das Öl in einer Pfanne erhitzen und die Pflanzerl darin bei mittlerer Hitze auf jeder Seite 5 Minuten goldbraun braten.

**3** Die Petersilie waschen, trocken schütteln, die Blätter abzupfen und fein hacken. Die Kartoffeln abgießen und als Pellkartoffeln servieren. Den Kohlrabisalat mit der Petersilie bestreuen und die Pflanzerl ebenfalls auf einem Teller anrichten.

### KÜCHENTIPP

Mehr Gemüse, weniger Fleisch: Statt der Möhre können Sie auch 75 g Zucchini raspeln und unter die Hackmasse kneten. Die Fleischpflanzerl eignen sich super zum Mitnehmen: einfach abkühlen lassen und mit ein paar Rohkost-Gemüsesticks in die Lunchbox packen!

# LECKERE KLEINIGKEITEN

Wenn der Hunger mal nicht ganz so groß ist oder Sie keine Lust haben, vor dem Herd in die Verlängerung zu gehen, sind diese Gerichte genau das Richtige. Mit Blitzrezepten für Wraps oder eine Erbsensuppe mit knusprigem Brot punkten Sie bei Ihren Lieben ohne viel Aufwand. Und zu Nachos oder Frittata sagt bestimmt auch niemand Nein.

# SCHNELLE ERBSENSUPPE MIT SCHMAND

Für 4 Personen
Zubereitungszeit: 15 Min.

2 rote Zwiebeln
2 Knoblauchzehen
1 Chilischote
2 EL Olivenöl
900 g TK-Erbsen
Salz, Pfeffer aus der Mühle
edelsüßes Paprikapulver
4 Scheiben Roggen-Sauerteigbrot
150 g Schmand

Pro Portion: ca. 475 kcal | 20 g EW | 18 g F | 50 g KH

1 Zwiebeln und Knoblauch schälen und in feine Würfel schneiden. Die Chilischote längs halbieren, entkernen, waschen und ebenfalls fein würfeln.

2 Das Öl in einem hohen Topf erhitzen und Zwiebeln, Knoblauch und Chilischote darin 2 Minuten andünsten. Dann die tiefgekühlten Erbsen dazugeben. Mit ½ l kochendem Wasser aufgießen und zugedeckt bei mittlerer Hitze etwa 5 Minuten garen. Anschließend alles mit dem Stabmixer im Topf cremig pürieren. Mit Salz, Pfeffer und Paprikapulver abschmecken.

3 Die Brotscheiben ohne Fett in einer Pfanne anrösten oder im Toaster toasten. Die Suppe auf Teller verteilen und jeweils 1 EL Schmand in der Mitte daraufgeben. Das geröstete Brot zur Suppe servieren.

### KÜCHENTIPP

Statt als ganze Scheiben können Sie das Brot auch als Croûtons zur Suppe servieren. Dafür die Brotscheiben in kleine Würfel schneiden und in der Pfanne in etwas Butter oder Öl rundum goldbraun rösten, dabei ab und zu wenden.

# FITNESS-SALAT

## MIT ROTER BETE UND WALNÜSSEN

Für 4 Personen
Zubereitungszeit: 30 Min.

150 g Buchweizen
4 EL gehackte Walnusskerne
100 g Feldsalat
3 Frühlingszwiebeln
500 g Rote Bete (vorgegart und vakuumiert)
200 g Feta (Schafskäse)
5 EL Olivenöl
Saft von ½ Zitrone
1 EL Dijon-Senf
Salz, Pfeffer aus der Mühle

Pro Portion: ca. 535 kcal | 16 g EW | 33 g F | 40 g KH

Scannen und dann loskochen mit Thomas und Matthias

**1** Den Buchweizen nach Packungsanweisung garen und abkühlen lassen. Die Walnüsse in einer Pfanne ohne Fett rösten, bis sie duften. Dann herausnehmen und abkühlen lassen. Feldsalat verlesen, waschen und trocken schleudern. In eine große Salatschüssel geben. Die Frühlingszwiebeln putzen, waschen und in feine Ringe schneiden.

**2** Die Rote Bete in Würfel schneiden (Achtung, die Knollen färben stark ab!), den Feta zerbröseln und beides zusammen mit den Frühlingszwiebeln und dem Buchweizen zum Feldsalat geben.

**3** Für das Dressing Öl, Zitronensaft und Senf miteinander verquirlen, mit Salz und Pfeffer würzen und unter den Salat mischen. Zum Servieren mit den gerösteten Walnüssen bestreuen.

### GUT ZU WISSEN

Mit seinem perfekten Nährstoff-Mix macht dieser Fitness-Salat seinem Namen alle Ehre: Die Rote Bete liefert Mineralstoffe und Vitamine, Walnüsse und Olivenöl steuern gesunde Omega-3-Fettsäuren bei, Feta und Buchweizen sind für die Eiweiß- und Kohlenhydratzufuhr zuständig. Übrigens: Auch wenn es der Name vermuten lässt, ist Buchweizen nicht mit Weizen verwandt. Er ist vielmehr ein sogenanntes Pseudogetreide und (wichtig für alle, die an Zöliakie leiden) glutenfrei!

# GEMÜSEFRITTATA
# MIT KRÄUTERN UND SCHAFSKÄSE

Für 4 Personen
Zubereitungszeit: 20 Min.

½ Bund Petersilie
½ Bund Minze
2 Frühlingszwiebeln
1 Knoblauchzehe
2 grüne Spitzpaprika
2 Tomaten
1 EL Olivenöl
¼ TL Chiliflocken
1 TL gemahlener Kreuzkümmel
5 Bio-Eier (Größe M)
Salz, Pfeffer aus der Mühle
40 g Feta (Schafskäse)

Pro Portion: ca. 170 kcal |
11 g EW | 21 g F | 5 g KH

**1** Den Backofen auf 180 °C vorheizen. Die Kräuter waschen, trocken tupfen und fein hacken. Frühlingszwiebeln putzen, waschen und in feine Ringe schneiden. Den Knoblauch schälen und in dünne Scheiben schneiden. Die Spitzpaprika längs halbieren, entkernen, waschen und in kleine Würfel schneiden. Die Tomaten waschen, halbieren und ebenfalls in kleine Würfel schneiden, dabei die Stielansätze entfernen.

**2** Das Öl in einer Pfanne erhitzen und Knoblauch, Frühlingszwiebeln und Spitzpaprika darin bei mittlerer Hitze etwa 3 Minuten anbraten. Tomaten und Gewürze hinzufügen und 1 Minute mitbraten.

**3** Die Eier verquirlen, die Kräuter untermischen und die Masse kräftig mit Salz und Pfeffer würzen. Die Eiermasse in die Pfanne geben, den Schafskäse darüberbröseln und alles bei mittlerer Hitze etwa 5 Minuten stocken lassen. Anschließend die Frittata wenden und bei schwacher Hitze noch 1 bis 2 Minuten goldbraun backen.

**4** Zum Servieren die Gemüsefrittata vierteln und auf Teller verteilen. Dazu passt Vollkorn- oder Sauerteigbrot.

# MÖHREN-APFEL-ROHKOST MIT CASHEWKERNEN

Für 4 Personen
Zubereitungszeit: 25 Min.

120 g Cashewkerne
800 g Möhren
3 säuerliche Äpfel (z. B. Elstar)
4 EL Rapsöl
2 EL Zitronensaft
4 EL Apfelsaft
2 EL flüssiger Honig
½ TL Salz

Pro Portion: ca. 425 kcal | 8 g EW | 25 g F | 39 g KH

**1** Die Cashewkerne in einer Pfanne ohne Fett unter ständigem Rühren hellbraun anrösten. Die Cashews abkühlen lassen und mit einem scharfen Messer nach Belieben grob hacken.

**2** Die Möhren putzen und mit einem Sparschäler schälen. Äpfel waschen, vierteln und entkernen. Möhren und Äpfel auf einer Küchenreibe raspeln. Öl, Zitronensaft, Apfelsaft, Honig und Salz zu einem Dressing verrühren. Möhren- und Apfelraspel, Cashewkerne und Dressing miteinander verrühren.

**3** Der Salat schmeckt solo, eignet sich aber auch hervorragend als Beilage zu einem gebratenen Stück Lachs, Hähnchenbrust oder Halloumi.

## GUT ZU WISSEN

Mit diesem Rohkostsalat als Beilage wird jedes Gericht zum Nährstoff-Booster! Die Cashewkerne machen uns dank Pflanzeneiweiß und gesundem Fett satt. Die Möhren versorgen uns mit Ballaststoffen, Betacarotin, Kalium und Magnesium. Wichtig: Damit die guten Nährstoffe der Möhren tatsächlich in unserem Körper ankommen, muss immer ein wenig (gesundes) Öl an den Salat.

# PILZ-RÜHREI-WRAP MIT SPINAT

Für 4 Personen
Zubereitungszeit: 10 Min.

1 Knoblauchzehe
125 g braune Champignons
1 EL Rapsöl
Salz, Pfeffer aus der Mühle
1 Möhre
50 g Baby-Spinat
1 Bio-Ei (Größe M)
4 kleine Vollkorntortillas
4 EL rotes Pesto (aus dem Glas; am besten mit Olivenöl)

Pro Portion: ca. 340 kcal | 11 g EW | 18 g F | 32 g KH

1 Die Knoblauchzehe schälen und fein würfeln. Die Pilze putzen, falls nötig, trocken abreiben und in dünne Scheiben schneiden. Das Öl in einer Pfanne erhitzen, Knoblauch und Pilze darin bei mittlerer Hitze etwa 5 Minuten dünsten. Anschließend mit Salz und Pfeffer würzen.

2 Inzwischen die Möhre putzen, schälen und mit einem Sparschäler in lange, dünne Streifen schneiden. Den Spinat verlesen, waschen und trocken tupfen.

3 Das Ei in eine Schüssel aufschlagen, mit einer Gabel verquirlen und kräftig mit Salz und Pfeffer würzen. Zu den Pilzen geben und 2 bis 3 Minuten unter Rühren bei schwacher Hitze garen. Das Pilzrührei aus der Pfanne nehmen und beiseitestellen.

4 Die Tortillas in einer Pfanne ohne Fett leicht erwärmen und auf Teller legen. Mit dem Pesto bestreichen und mit Spinat, Möhrenstreifen und dem Pilzrührei belegen. Die Wraps kompakt aufrollen und nach Belieben schräg halbieren. Perfekt auch zum Mitnehmen in der Lunchbox!

## GUT ZU WISSEN

Champignons sind echte Champions in Sachen Pflanzeneiweiß. Weil sie auch noch herzhaft schmecken, eignen sie sich super, um fettige tierische Produkte wie Speck oder Schinken auf dem Teller zu ersetzen. Daneben liefern sie kaum Kalorien, aber reichlich Ballaststoffe, B-Vitamine und Mineralstoffe wie Kalzium oder Magnesium.

# ROTE-BETE-WRAP MIT RUCOLA

1 Rucola verlesen, waschen und trocken schleudern, dabei grobe Stiele entfernen. Die Rote Bete in Würfel schneiden (Achtung, die Knollen färben stark ab!). Rucola und Rote Bete mit dem Öl vermengen, mit Salz und Pfeffer würzen.

2 Die Frühlingszwiebel putzen, waschen und in feine Ringe schneiden. Den Feta zerbröseln und mit dem Frischkäse verrühren. Zitronensaft und Frühlingszwiebel hinzufügen, mit Salz und Pfeffer awürzen. Die Tortillas in einer Pfanne ohne Fett leicht erwärmen und auf Teller legen.

3 Die Tortillas mit der Feta-Frischkäse-Creme bestreichen und den Rote-Bete-Rucola-Mix darauf verteilen. Die Wraps kompakt aufrollen und zum Servieren nach Belieben schräg halbieren.

## GUT ZU WISSEN

Rucola stammt – wie der Name vermuten lässt – aus dem Mittelmeerraum und gehört botanisch zur Familie der Kreuzblütler. Ihren nussig-würzigen Geschmack verdanken die schmalen Blätter dem hohen Gehalt an Senfölen, die als sekundäre Pflanzenstoffe antioxidativ wirken und das Immunsystem pushen. On top liefert Rucola viele wertvolle Inhaltsstoffe wie Eisen, Kalzium und Kalium sowie die Vitamine A, B und C.

Für 4 Personen
Zubereitungszeit: 10 Min.

50 g Rucola
150 g Rote Bete (vorgegart und vakuumiert)
1 EL Olivenöl
Salz, Pfeffer aus der Mühle
1 Frühlingszwiebel
100 g Feta (Schafskäse)
80 g körniger Frischkäse
1 TL Zitronensaft
4 kleine Vollkorntortillas

Pro Portion: ca. 315 kcal | 13 g EW | 13 g F | 35 g KH

# NACHOS MIT GUACAMOLE UND SCHWARZEN BOHNEN

Für 4 Personen
Zubereitungszeit: 30 Min.

2 Avocados
1 Limette
2 Handvoll gehackter Koriander
Meersalz
1 rote Zwiebel
1 Knoblauchzehe
400 g schwarze Bohnen (aus der Dose)
2 EL Olivenöl
1 TL gemahlener Kreuzkümmel
1 TL geräuchertes Paprikapulver
1 TL Chiliflocken
400 g gehackte Tomaten (aus der Dose)
1 EL Ahornsirup
250 g Tortillachips
150 g geriebener Gouda oder Cheddar

Pro Portion: ca. 770 kcal |
22 g EW | 43 g F | 68 g KH

1 Den Backofen auf 180 °C vorheizen. Die Avocados halbieren und den Kern entfernen, das Fruchtfleisch auslösen und mit einer Gabel zerdrücken. Die Limette halbieren und auspressen. Avocados mit Limettensaft, 1 Handvoll Koriander und 1 Prise Salz in einer großen Schale mischen und beiseitestellen.

2 Zwiebel und Knoblauch schälen, halbieren und in feine Scheiben schneiden. Die Bohnen in einem Sieb abbrausen und abtropfen lassen.

3 Das Öl in einer Pfanne erhitzen und Zwiebel, Knoblauch und etwas Salz darin bei mittlerer Hitze etwa 5 Minuten andünsten. Dann Kreuzkümmel, Paprikapulver und Chiliflocken hinzufügen und 1 Minute mitdünsten. Bohnen, gehackte Tomaten und Ahornsirup dazugeben und kurz aufkochen. Anschließend bei schwacher Hitze etwa 10 Minuten köcheln lasen.

4 Währenddessen die Tortillachips in eine ofenfeste Form geben, mit dem Käse bestreuen und im vorgeheizten Ofen auf der mittleren Schiene etwa 10 Minuten überbacken, bis der Käse geschmolzen ist. Die Nachos mit den Bohnen und der Guacamole belegen und mit dem restlichen Koriander bestreuen. In der Auflaufform servieren.

# SÜSS UND GESUND

Kuchen, Cookies, Kaiserschmarrn und süße Snacks müssen ernährungstechnisch kein Foul bedeuten, wenn Sie sie selbst zubereiten. Denn dann wissen Sie genau, was drinsteckt – unter anderem viel weniger Zucker als in industriell hergestellten Alternativen. Probieren Sie's aus und wickeln Sie kleine und große Naschkatzen mit diesen Leckereien um den Finger.

# KAISERSCHMARRN
## MIT ZWETSCHGENRÖSTER

Für 4 Personen
Zubereitungszeit: 45 Min.

**Für den Schmarrn:**
150 g Dinkelmehl (Type 630)
250 ml ungesüßter Sojadrink
4 Bio-Eier (Größe M)
1 TL gemahlene Vanille
abgeriebene Schale von ½ Bio-Zitrone
Salz
20 g Kokosöl
4 EL Mandelblättchen
20 g Zucker zum Karamellisieren
4 EL Puderzucker zum Servieren

**Für den Zwetschgenröster:**
1 kg entsteinte Zwetschgen oder Pflaumen
100 g Zucker
1 TL Zimtpulver
2 EL Zitronensaft

Pro Portion: ca. 605 kcal |
17 g EW | 16 g F | 90 g KH

1 Für den Schmarrn Mehl und Sojadrink mit dem Schneebesen glatt rühren, bis keine Klümpchen mehr zu sehen sind. Den Teig 15 bis 20 Minuten ruhen lassen.

2 Den Backofen auf 180 °C vorheizen. Die Eier verquirlen und nach der Ruhezeit des Teigs mit der gemahlenen Vanille, der Zitronenschale und 1 Prise Salz dazugeben und unterrühren.

3 Das Kokosöl in einer großen ofenfesten Pfanne erhitzen und den Teig darin bei mittlerer Hitze 2 bis 3 Minuten bräunen. Die Mandelblättchen darauf verteilen, alles im vorgeheizten Ofen auf der mittleren Schiene etwa 20 Minuten backen. Die Ofentür unbedingt geschlossen halten.

4 In der Zwischenzeit die Zwetschgen waschen. 150 ml Wasser mit dem Zucker, dem Zimt und dem Zitronensaft aufkochen lassen, die Zwetschgen dazugeben und so lange weiterkochen, bis sie zerfallen. Den fertigen Zwetschgenröster vom Herd nehmen und beiseitestellen.

5 Wenn der Schmarrn so gut wie fertig ist, den Zucker in einer Pfanne leicht karamellisieren lassen. Kurz bevor der Zucker flüssig wird, die Pfanne aus dem Ofen nehmen (Vorsicht: Der Pfannenstiel ist heiß!) und den Schmarrn mit zwei Gabeln in mundgerechte Stücke reißen. Die Stücke in die Pfanne mit dem karamellisierten Zucker geben und unterheben. Den Schmarrn mit Puderzucker bestäuben und sofort auf Teller verteilen. Mit dem Zwetschgenröster servieren.

# KOKOSMILCHREIS
## MIT MANGOPÜREE UND MINZE

Für 4 Personen
Zubereitungszeit: 40 Min.

200 g Milchreis
800 ml Kokosmilch
Salz
2 Mangos
1 Orange
1 EL Zitronensaft
2 EL Zucker
3 EL Kokosraspel
2 Stiele Minze

Pro Portion: ca. 810 kcal | 9 g EW | 52 g F | 73 g KH

**1** Den Milchreis mit der Kokosmilch, 400 ml Wasser und 1 Prise Salz in einem Topf kurz aufkochen und danach bei schwacher Hitze mit geschlossenem Deckel etwa 30 Minuten köcheln lassen. Dabei den Milchreis gelegentlich umrühren, damit er nicht ansetzt.

**2** Die Mangos schälen und das Fruchtfleisch in Streifen vom Stein schneiden. Die Orange auspressen. Das Mangofruchtfleisch in einem hohen Rührbecher mit dem Orangen- und dem Zitronensaft mit dem Stabmixer pürieren. Wenn der Reis gar ist, den Zucker und 2 EL Kokosraspel zum Kokosreis geben und den Reis etwas auskühlen lassen. Die Minze waschen, trocken tupfen und die Blätter abzupfen.

**3** Den Kokosreis auf Schälchen verteilen und das Mangopüree darübergeben. Mit den restlichen Kokosraspeln und den Minzeblättern garnieren.

### KÜCHENTIPP

Wer den Milchreis etwas weniger kalorienreich zubereiten möchte, kann die Hälfte der Kokosmilch durch eine fettarme Variante (5 % Fett) oder komplett durch Kokosdrink ersetzen. Der Unterschied: Für Kokosmilch wird das fetthaltige Fruchtfleisch reifer Kokosnüsse gehackt, mit Wasser püriert und durchgesiebt – sie enthält 15 bis 25 % Fett. Für einen Kokosdrink wird das Fruchtfleisch erst ausgepresst und dann mit Wasser verdünnt.

# ROTE GRÜTZE
# MIT SKYR UND CHIASAMEN

Für 4 Personen
Zubereitungszeit: 25 Min.

1 kg frische gemischte Beeren oder TK-Beerenmischung (z. B. Erdbeeren, Himbeeren, Johannisbeeren)
6 EL Ahornsirup
100 ml naturtrüber Apfeldirektsaft
4 EL Chiasamen
abgeriebene Schale von 1 Bio-Zitrone
4 EL Skyr
einige Minzeblätter zum Garnieren

Pro Portion: ca. 255 kcal | 7 g EW | 4 g F | 38 g KH

**1** Frische Beeren verlesen, falls nötig, putzen, waschen und trocken tupfen. Die Beerenmischung mit dem Ahornsirup und dem Apfelsaft in einen Topf geben und unter ständigem Rühren aufkochen. Die Beeren bei schwacher Hitze etwa 5 Minuten köcheln lassen.

**2** Die Chiasamen und die Zitronenschale dazugeben und die Beerenmischung nochmals etwa 15 Minuten köcheln lassen, bis die Grütze die gewünschte Konsistenz hat. Wer die Grütze etwas feiner mag, kann die Beeren mit einem Kochlöffel leicht zerdrücken, bevor die Chiasamen dazugegeben werden. Den Topf vom Herd nehmen, die Grütze in eine Schüssel umfüllen und abkühlen lassen.

**3** Zum Servieren die Rote Grütze auf Dessertschalen verteilen und mit jeweils 1 EL Skyr und Minzeblättern garnieren. Auch lecker zur Grütze: Vanillesauce oder Vanilleeis.

## GUT ZU WISSEN

Kennen Sie Skyr? Das isländische Milchprodukt gibt es mittlerweile auch bei uns im Kühlregal. Skyr hat eine cremige, etwas festere Konsistenz als Joghurt und ist säuerlich im Geschmack. Der Eiweißgehalt ist mit etwa 11 g pro 100 g ähnlich hoch wie der von Magerquark. Skyr punktet jedoch zusätzlich mit einem hohen Kalziumgehalt (150 mg pro 100 g) und kann damit Knochen und Muskeln stärken.

# MINI-GERMKNÖDEL MIT PFLAUMENMUS UND MOHN

Für 4 Personen
Zubereitungszeit: 45 Min.
Ruhezeit: 1 Std. 15 Min.

55 g Butter
80 ml fettarme Milch (1,5 % Fett)
150 g Dinkelvollkornmehl
20 g brauner Rohrzucker
Salz
¼ Würfel frische Hefe
1 Bio-Eigelb (Größe M)
4 TL Pflaumenmus
(mit mind. 70 % Fruchtanteil)
½ EL Puderzucker
1 EL Mohn
Mehl für die Arbeitsfläche

Pro Portion (2 Knödel): ca. 330 kcal | 8 g EW | 16 g F | 37 g KH

**1** 35 g Butter in Stücke schneiden und zusammen mit der Milch in einem Topf erwärmen. Mehl, Rohrzucker und 1 Prise Salz in einer Schüssel miteinander vermischen und anschließend die Hefe darüberbröckeln. Die warme (aber nicht heiße!) Milch-Butter-Mischung zusammen mit dem Eigelb dazugeben und alles mit den Knethaken des Handrührgeräts zu einem glatten Teig kneten. Etwa 45 Minuten zugedeckt an einem warmen Ort ruhen lassen.

**2** Die Arbeitsfläche mit etwas Mehl bestäuben. Den Teig in acht Stücke teilen, zu gleichmäßigen Kugeln formen und flach drücken. Das Pflaumenmus gleichmäßig mittig darauf platzieren. Die Teiglinge mit der Füllung vorsichtig verschließen, dabei darauf achten, dass kein Pflaumenmus mehr zu sehen ist (ansonsten würde die Füllung beim Dämpfen auslaufen). Die Kugeln mit dem Verschluss nach unten erneut zugedeckt etwa 30 Minuten ruhen lassen.

**3** 200 ml Wasser, 20 g Butter und etwas Salz in einem weiten Topf zum Kochen bringen und die Teigkugeln vorsichtig nebeneinander hineinsetzen. Unbedingt mit einem Deckel verschließen und bei schwacher Hitze etwa 20 Minuten dämpfen (Achtung: Den Deckel nicht vorher öffnen. Entweicht der Dampf, fallen die Knödel zusammen). Nach 20 Minuten die Hitze herunterschalten und den Topf zugedeckt noch etwa 5 Minuten stehen lassen. Puderzucker mit Mohn vermischen.

**4** Zum Servieren je zwei Knödel auf einem Teller anrichten und mit der Mohn-Mischung bestreuen.

# QUARKCREME MIT BEERENMOUSSE

Für 4 Personen
Zubereitungszeit: 15 Min.

250 g Speisequark (20 % Fett)
100 g Frischkäse
150 g Naturjoghurt (3,5 % Fett)
1 Vanilleschote
3 EL Puderzucker
2 EL Zitronensaft
150 g Erdbeeren
125 g Himbeeren
50 g Blaubeeren
25 g weiße Schokolade

Pro Portion: ca. 245 kcal | 13 g EW | 11 g F | 20 g KH

**1** Quark, Frischkäse und Joghurt mit einem Schneebesen verrühren. Die Vanilleschote längs aufschneiden und das Mark mit einem spitzen Messer herauskratzen. Die Creme mit dem Vanillemark, Puderzucker und Zitronensaft verrühren.

**2** Die Beeren verlesen, waschen und trocken tupfen. Die Erdbeeren putzen. Vier Erdbeeren, vier Himbeeren und acht Blaubeeren beiseitelegen. Die restlichen Beeren in einem hohen Rührbecher mit dem Stabmixer pürieren, sodass eine schaumige Konsistenz entsteht.

**3** Die Schokolade auf einer Küchenreibe grob raspeln. Die Quarkcreme im Wechsel mit dem Beerenmousse in Gläser oder Dessertschalen schichten. Mit der Beerenmousse abschließen. Die beiseitegelegten Erdbeeren halbieren. Das Schichtdessert mit der geraspelten Schokolade und den Beeren garnieren.

### KÜCHENTIPP

Sommerzeit ist Beerenzeit! Aber auch außerhalb der Saison muss niemand auf die kleinen Nährstoffbomben verzichten. Einfach auf tiefgekühlte Beeren zurückgreifen. Für Smoothies oder Fruchtpürees sind sie sogar ideal, weil sie – leicht angetaut verarbeitet – für eine schön sämige Konsistenz sorgen.

# SCHOKO-COOKIES MIT SESAM

Für ca. 15 Stück
Zubereitungszeit: 10 Min.
Backzeit: 10 Min.

75 g dunkle Schokolade (mind. 70 % Kakaoanteil)
3 EL Kokosöl
50 g brauner Rohrzucker
150 g Roggenmehl (Type 997)
1 TL Backpulver
60 ml ungesüßter Haferdrink
2 EL Tahin (Sesampaste)
1 Prise Salz

Pro Stück: ca. 110 kcal | 2 g EW | 5 g F | 13 g KH

1 Den Backofen auf 180 °C (Umluft) vorheizen und ein Backblech mit Backpapier belegen.

2 Die Schokolade fein hacken. Das Kokosöl bei schwacher Hitze zerlassen, bis es flüssig ist. Schokolade, Kokosöl und alle anderen Zutaten in einer Rührschüssel miteinander vermengen, bis sich aus dem leicht krümeligen Teig mit den Händen kleine Kugeln formen lassen. Sollte der Teig zu krümelig sein, einfach noch 1 bis 2 EL Haferdrink hinzufügen.

3 Die Teigbällchen mit etwas Abstand zueinander auf das Blech setzen und im vorgeheizten Ofen auf der mittleren Schiene etwa 10 Minuten backen. Die Cookies herausnehmen und auf dem Blech abkühlen lassen, damit sie fest werden.

## GUT ZU WISSEN

Gesunder Genuss: Dunkle Schokolade enthält im Vergleich zu Vollmilchschokolade pro Tafel etwa 40 g weniger Zucker. Zum puren Naschen ist das fast zu bitter, aber bei Rezepten mit mehreren Zutaten passt sie ideal. Eine weitere Besonderheit der Cookies: Tahin, die Paste aus gemahlenen Sesamsamen, die mit reichlich Kalzium unsere Knochen stärkt und dank ihrer ungesättigten Fettsäuren auch gut fürs Herz ist.

# MÜSLI-MUFFINS MIT APFEL UND CRANBERRYS

Für 12 Muffins (1 12er-Muffinform)
Zubereitungszeit: 20 Min.
Backzeit: 25 Min.

100 g Cranberrys
80 g Mandeln
60 g Walnusskerne
1 großer Apfel (180 g)
250 g Speisequark (20 % Fett)
2 Bio-Eier (Größe M)
90 ml Rapsöl
50 g Zucker
250 g Dinkelmehl (Type 630)
2 TL Backpulver
1 TL Zimtpulver

Pro Stück: ca. 305 kcal |
9 g EW | 17 g F | 28 g KH

1 Cranberrys, Mandeln und Walnüsse mit einem Messer fein hacken. Apfel waschen, vierteln, entkernen und ungeschält auf einer Küchenreibe raspeln. Apfel mit Cranberrys, Mandeln und Walnüssen mischen. Den Quark mit den Eiern, dem Öl und dem Zucker mit den Quirlen des Handrührgeräts glatt verrühren.

2 Den Backofen auf 180 °C vorheizen. Mehl, Backpulver und Zimt gründlich mischen und unter die Quarkmischung heben. Anschließend die Müslimischung dazugeben und gut unterrühren.

3 Die Mulden der Muffinform mit Papierförmchen auslegen und den Teig auf die Förmchen verteilen. Die Müsli-Muffins im vorgeheizten Ofen auf der mittleren Schiene etwa 25 Minuten backen. Herausnehmen, etwas abkühlen lassen und aus der Form nehmen.

## GUT ZU WISSEN

Manchmal geht es einfach nicht ohne süße Naschereien. Für solche „Notfälle" sind die Müsli-Muffins ideal, denn mit ihrem hohen Gehalt an Ballaststoffen (Äpfel und Cranberrys) und Eiweiß (Nüsse und Quark) sättigen sie lange und bremsen den Heißhunger aus. Wer viel Sport macht, kann die kleinen Kuchen auch vor dem Training zur Stärkung als Energielieferant snacken.

# SCHOKOKUCHEN MIT MANDELN

Für 1 Kastenform
(ca. 25 cm; 15 Stücke)
Zubereitungszeit: 15 Min.
Backzeit: 40 Min.

4 Bio-Eier (Größe M)
180 g Zucker
90 ml Rapsöl
Salz
140 g Dinkelmehl (Type 630)
1 Päckchen Backpulver
140 g gemahlene Mandeln
30 g stark entöltes Kakaopulver
110 ml Milch (3,5 % Fett)
Puderzucker zum Bestäuben
Fett und Mehl für die Form

Pro Stück: ca. 220 kcal |
6 g EW | 13 g F | 21 g KH

1 Den Backofen auf 180 °C vorheizen. Die Kastenform einfetten und mit Mehl bestäuben. Eier, Zucker, Öl und 1 Prise Salz in einer Rührschüssel mit den Quirlen des Handrührgeräts schaumig schlagen. Mehl und Backpulver mischen, dazugeben und unterrühren. Danach Mandeln, Kakaopulver und Milch in den Teig geben und verrühren.

2 Den Teig in die Form füllen und glatt streichen. Im vorgeheizten Ofen auf der mittleren Schiene etwa 40 Minuten backen. Herausnehmen, auf einem Kuchengitter auskühlen lassen und aus der Form nehmen. Den Schokokuchen zum Servieren leicht mit Puderzucker bestäuben.

## GUT ZU WISSEN

Mandeln machen sich nicht nur gemahlen in Keksen und Kuchen oder püriert in Mandelmus super. Sie sind im Ganzen gesnackt auch der perfekte Energie-Booster für zwischendurch. Warum? Die braunen Kerne liefern Ballaststoffe, eine gute Portion Pflanzeneiweiß und reichlich gesunde Fette. Im Ranking der kernigen Kraftpakete sind sie ähnlich wertvoll wie Walnüsse und Pistazien. Die Empfehlung lautet allgemein: Täglich sollte man ca. 25 g gemischte Nüsse und Kerne verzehren; das entspricht einer Handvoll.

# SNACKS FÜR MEHR POWER

Manchmal muss es einfach etwas Süßes sein! Und darauf sollen Sie auch nicht verzichten. Denn wenn Sie süße Snacks für Ihre Familie selbst machen, können Sie jede Menge Zucker sparen und ganz beiläufig Zutaten einbauen, die supergesund sind. Etwa Haferflocken, die den Blutzucker in Schach halten und lange satt machen. Oder Sesampaste, deren ungesättigte Fettsäuren sich positiv aufs Herz und auf die Gefäße auswirken. Oder Datteln, die reich an Ballaststoffen, Mineralstoffen und Vitaminen sind. Und nicht zuletzt Nüsse, die der gesündeste Snack überhaupt sind. Praktisch: Weil sich die Süßigkeiten lange halten (2 Wochen), können Sie sie gut auf Vorrat zubereiten und haben sie dann bei Bedarf schnell zur Hand. Das wird ein Sieg auf ganzer Linie! Wetten?

## ENERGIEBÄLLCHEN

Für 15 Stück:

**50 g Kürbiskerne** und **16 Medjool-Datteln (ohne Stein)** mit **100 g Cashewkernen, 2 EL Tahin (Sesampaste)** und **1 EL Kakaopulver** sowie nach Belieben 1 EL Zimtpulver und 1 Prise Salz in einen Standmixer geben und zu einer klebrigen Masse pürieren. Von der Masse jeweils 1 EL abnehmen und mit angefeuchteten Händen zu kleinen Bällchen formen. **20 g helle Sesamsamen** auf einem flachen Teller verteilen und die Bällchen darin rundum wälzen. Die Energiebällchen etwa 30 Minuten im Kühlschrank gut durchkühlen lassen.

Zubereitungszeit: 10 Min.
Kühlzeit: 30 Min.
Pro Stück: ca. 15 kcal |
4 g EW | 7 g F | 8 g KH

Scannen und dann loskochen mit Thomas und Matthias

## KERNIGE MÜSLIRIEGEL

Für 8 Stück:

Den Backofen auf 180 °C (Umluft) vorheizen. **1 sehr reife Banane** schälen und zerdrücken. **50 g zarte Haferflocken** sowie **je 50 g kernige Haferflocken, Kürbis- und Sonnenblumenkerne** mit **2 EL Chiasamen** und **2 TL Zimtpulver** in einer großen Schüssel mischen. Das Bananenpüree mit **3 EL Erdnussmus, 2 EL Kokosöl** und **50 ml Ahornsirup** in einer separaten Schüssel gut mischen. Den Bananen-Mix zu den trockenen Zutaten geben und alles zu einer klebrigen Masse verrühren. Die Müslimasse in einer mit Backpapier ausgelegten rechteckigen Backform etwa 2 cm dick verstreichen und im vorgeheizten Ofen auf der mittleren Schiene 20 bis 25 Minuten goldbraun backen. Herausnehmen, kurz abkühlen lassen und in acht Riegel schneiden.

Zubereitungszeit: 15 Min.
Backzeit: 20–25 Min.
Pro Stück: ca. 215 kcal |
8 g EW | 12 g F | 17 g KH

Scannen und dann loskochen mit Thomas und Matthias

## DATTELN IM SCHOKOMANTEL

Für 10 Stück:

**150 g dunkle Schokolade (mind. 70 % Kakaoanteil)** hacken und in einer Metallschüssel über dem heißen Wasserbad schmelzen lassen. **10 Medjool-Datteln (ohne Stein)** halbieren. Jede Dattel mit **1 TL hellem Mandelmus** füllen und wieder verschließen. Die Datteln einzeln mit einer Gabel in die geschmolzene Schokolade tauchen, sodass sie rundum mit Schokolade überzogen sind. Auf einem mit Backpapier belegten Blech verteilen und mit **1 Prise Meersalz** bestreuen. Die Datteln nach Belieben z. B. mit gehackten Pistazienkernen, Kakaonibs oder gefriergetrockneten Himbeeren dekorieren. Etwa 30 Minuten im Kühlschrank erkalten lassen.

Zubereitungszeit: 20 Min.
Kühlzeit: 30 Min.
Pro Stück: ca. 145 kcal |
2 g EW | 10 g F | 12 g KH

Reich an B-Vitaminen

# REZEPTREGISTER

**Die Icons bei den Rezepten**

- vegetarisch
- vegan
- glutenfrei
- laktosefrei

## HINWEISS

Die Ratschläge in diesem Buch wurden mit größter Sorgfalt von Autoren und Verlag erarbeitet und geprüft. Eine Garantie kann jedoch nicht übernommen werden. Ebenso ist eine Haftung der Autoren bzw. des Verlags und seiner Beauftragten für Personen-, Sach- oder Vermögensschäden ausgeschlossen. Erkrankungen mit ernstem Hintergrund gehören in ärztliche Behandlung! Bei bereits bestehenden Beschwerden kann das Buch daher keinen fachärztlichen Rat ersetzen.

# DER KLEINE EIWEISS-GUIDE

| LEBENSMITTEL | MENGE PRO PORTION | EIWEISS PRO PORTION |
|---|---|---|
| Pflanzliche Lebensmittel | | |
| Mandeln | 20 g | 3,7 g |
| Sonnenblumenkerne | 20 g | 4,5 g |
| Walnusskerne | 20 g | 2,9 g |
| Champignons | 200 g | 5,4 g |
| Couscous | 50 g | 5,4 g |
| Haferflocken | 6 EL (60 g) | 7,5 g |
| Hirse | 50 g | 6,9 g |
| Vollkornbrot | 1 Scheibe (60 g) | 3,7 g |
| Vollkornnudeln | 50 g | 7,5 g |
| Linsen | 50 g | 12 g |
| Kichererbsen (Dose) | 180 g | 13,5 g |
| Kidneybohnen (Dose) | 180 g | 12 g |
| Tofu | 200 g | 17,6 g |
| Sojajoghurt | 150 g | 6 g |
| Tierische Lebensmittel | | |
| Hühnerei | 58 g (Größe M) | 6,7 g |
| Hähnchenbrust (ohne Haut) | 150 g | 36 g |
| Kabeljau | 150 g | 26,6 g |
| Zander | 150 g | 28,8 g |
| Lachs | 150 g | 29,9 g |
| Milch und Milchprodukte | | |
| Kuhmilch (3,5 % Fett) | 200 ml | 6,6 g |
| Joghurt (1,5 % Fett) | 150 g | 5,1 g |
| Magerquark | 150 g | 20,3 g |
| Skyr | 150 g | 16,5 g |
| Parmesan | 2 EL (20 g) | 6,7 g |
| körniger Frischkäse | 1 Becher (200 g) | 27,2 g |

# DIE AUTOREN

**Thomas Müller,** Fußball-Star und Weltmeister von 2014, gehört zu den erfolgreichsten deutschen Fußballprofis. Aktiv ist er aber nicht nur auf dem Spielfeld: Der Bayer engagiert sich für zahlreiche soziale Projekte und setzt sich für die Leseförderung ein. Dafür wurde er 2021 mit dem Deutschen Lesepreis ausgezeichnet. Außerdem ist Thomas Müller sehr interessiert an gesunder Ernährung. Mit seinem Videoformat „Kochen mit Thomas" will er aus seinem Erfahrungsschatz als Sportler interessantes Wissen vermitteln und Menschen motivieren, neue Dinge in der Küche auszuprobieren.
Folgen Sie Thomas Müller auf YouTube, Facebook und Instagram:
YouTube www.youtube.com/esmuellert
www.facebook.com/esmuellert
www.instagram.com/esmuellert

**Dr. med. Matthias Riedl** ist ärztlicher Direktor der von ihm 2008 gegründeten medicum Hamburg MVZ GmbH, die einzigartig in Europa die Diabetologie mit der Ernährungsmedizin und neun angrenzenden Facharztrichtungen ganzheitlich verbindet. Der Internist, Diabetologe und Ernährungsmediziner ist außerdem als Publizist für Fachzeitschriften und Verlage, Berater für Firmen und Krankenkassen sowie als Dozent auf internationalen Kongressen und Lehrbeauftragter zweier Universitäten tätig. Im Vorstand des Bundesverbands Deutscher Ernährungsmediziner (BDEM e.V.) engagiert er sich für die Förderung der Ernährungstherapie. 2021 brachte er mit myFoodDoctor die erste Ernährungstherapie-App auf den Markt.
Folgen Sie Dr. Riedl auf Instagram Facebook und Instagram:
www.facebook.com/edocriedl
www.instagram.com/drmatthiasriedl

## DIE AUTOREN

Sie wollen nicht missionieren, aber informieren: Für dieses Buch haben sich **Thomas Müller** und **Dr. Matthias Riedl** zusammengetan, um möglichst viele Familien in Sachen Ernährung schlau zu machen. Denn erst, wenn man weiß, worauf es ankommt, kann man beim Einkaufen und Kochen auch gezielt Weichen stellen. Der Fußball-Star und der Top-Mediziner beweisen im Team, dass gesunde Ernährung weder kompliziert noch langweilig sein muss. Sie erklären, warum es so wichtig ist, bestimmte Lebensmittel regelmäßig auf den Tisch zu bringen, wenn man geistig und körperlich fit sein will. Und sie verraten auch, wie man das den Nachwuchsköchen/dem Nachwuchs am besten vermittelt.

### Dr. Matthias Riedl bei ZS:

- Mein Weg zur gesunden Ernährung
- Der Hafer-Masterplan
- Die neue Power-Küche
- Die Bücher der Ernährungs-Docs

## IMPRESSUM


**Hinter jedem tollen Buch steckt ein starkes Team**

Projektleitung: *Kathrin Ullerich*
Texte: *Anna Butterbrod*
Rezepte: *Denis Genca, Katharina Henze, Christin Müller (medicum Hamburg)*
Lektorat: *Edelgard Prinz-Korte*
Covergestaltung: *Ina Zimmermann*
Grafische Gestaltung und Satz: *Ina Zimmermann, Georg Feigl*
Coverfoto: *Jan Russok*
Foodfotografie: *Coco Lang*
Foodstyling: *Sven Dittmann*
Porträtbilder: *31media GmbH, Ben Fuchs*
Herstellung: *Frank Jansen*
Producing: *Jan Russok*
Druck & Bindung: *optimal media GmbH, Röbel*





1. Auflage 2023



Kaiserstraße 14 b
D-80801 München
ISBN: 978-3-96584-359-2


## BILDNACHWEIS

Shutterstock: sämtliche Illustrationen sowie Fotos S. 27, 28; Andreas Sibler: S. 26, 31. Jan Russok: S. 33, 44.

## LIEBE LESERINNEN, LIEBE LESER,

wie schön, dass Sie ein Buch von ZS in den Händen halten. „Jetzt leben!“ ist das Motto unseres Verlages. Es steht für Genuss und Inspiration, Unterstützung und Motivation. Ob Kulinarik oder Fitness, Gesundheit oder Lebenshilfe – seit über 30 Jahren bieten wir kompetente Ratgeber für (fast) alle Lebenslagen. Wir lieben Tradition genauso wie Innovation – sie treiben uns an. Unsere Autorinnen und Autoren sind Menschen, die zu ihrem Thema wirklich etwas zu sagen und zu schreiben haben. Unsere Produkte sind erzählerisch, appetitmachend und als gedruckte Bücher haptisch echte Erlebnisse. Für Sie mit ganz viel Liebe gemacht! Entdecken Sie mehr aus unserer wunderbaren Welt!

## UNSER VERLAGSHAUS

Mit Standorten in Hamburg und München zählt die Edel Verlagsgruppe zu den größten unabhängigen Buchanbietern Deutschlands. Zur Gruppe gehören die Verlage Dr. Oetker Verlag, Edel Sports, KARIBU und ZS.

**ZS – Ein Verlag der Edel Verlagsgruppe**
**www.zsverlag.de**
**www.facebook.com/zsverlag**
**www.instagram.com/zsverlag**

## FÜR DIE UMWELT

ZS unterstützt bei der Produktion dieses Buches das Projekt „Junge Riesen für die nächsten 100 Jahre“ im Naturpark Nossentiner/Schwinzer Heide. Damit wird ein Anteil der unvermeidbaren $CO_2$-Emissionen im direkten Umfeld des Produktionsstandortes kompensiert.

PARTNER
Naturpark Nossentiner / Schwinzer Heide
www.optimal-media.com/naturschutzprojekt-001

## NEWSLETTER

Was koche ich heute Feines? Und wie geht das – schmackhaft und gesund?

Melden Sie sich jetzt zum ZS-Genuss-Service an und verpassen Sie keine kulinarischen und gesundheitlichen Trends mehr.
Wir informieren Sie regelmäßig über unsere Neuerscheinungen, Aktionen oder Gewinnspiele und verraten Ihnen unsere Lieblingsrezepte!

GEWINNEN

Unter allen Neuabonnierenden verlosen wir jeden Monat eine *ZS-Genuss-Box* im Wert von 75,00 €.

Jetzt anmelden unter:
***www.zsverlag.de/newsletter***
oder den QR Code scannen:

ANMELDEN!